Impulse su actividad con Microsoft 365

Menos e-mails, menos reuniones, más eficacia

Julie Soulima

ISBN: 978-2-409-05086-2
Edición original: 978-2-409-04712-1

Ediciones ENI

P° Ferrocarriles Catalanes, 97-117, 2a pl. of. 18
08940 - Cornellà de Llobregat (Barcelona)

Tel: 934 246 401
Fax: 934 231 576

e-mail: info@ediciones-eni.com
http://www.ediciones-eni.com

Autor: Julie Soulima
Edición española: Rosa Ana Ramos Gíraldez
Colección **Objetivo: Soluciones** dirigida por Corinne Hervo

En este libro, voy a presentar distintas herramientas así como aplicaciones complementarias, usos y toda una serie de buenas prácticas. Le daré las claves para que su día a día profesional sea más fácil, agilizando la comunicación y la colaboración, reduciendo la cantidad de correos electrónicos y reuniones, y centralizando la información para facilitar el acceso a ella.

Sin embargo, no todo se adaptará a su forma de pensar y organizarse, puede que no se cubran todos sus problemas o que en su caso haya algunas restricciones debido a las estrategias de su departamento informático. Esto es perfectamente normal.

Tenga en cuenta que lo que voy a hacer es ofrecerle opciones. Bajo ningún concepto debe verse obligado/a a adoptar (o hacer que otros adopten) todo lo que aparece en este libro.

Mi objetivo es hacerle pensar. Pregúntese lo siguiente:

- ¿Cómo puedo utilizar esta herramienta?
- ¿Utilizo una herramienta parecida por la que pago una licencia adicional?
- ¿Es esto relevante para MI día a día?
- ¿Puedo ponerlo en marcha fácilmente con mis compañeros/as de trabajo?
- ¿Mi trabajo diario sería más fácil si todo el mundo aplicara esta práctica?

De nuevo, no todo será adecuado para su caso, y es normal. No dude en compartir sus ideas con sus compañeros/as, en comprobar que son compatibles con las estrategias de seguridad informática vigentes, sea impulsor/a del cambio si encuentra aquí elementos que transformen su día a día, y comparta los que puedan cambiar el de los demás. Olvídese del resto. Este libro debería hacerle la vida más fácil.

Impulse su actividad con Microsoft 365

Menos e-mails, menos reuniones, más eficacia

Prólogo

Capítulo 1
Introducción

Capítulo 2
Microsoft 365, su asistente personal

Capítulo 3

Microsoft 365, el coordinador de la colaboración

Capítulo 4

Houston, tenemos un problema - colaborar de forma externa con Microsoft 365

Capitulo 5
Excel no es la solución a todos piense en Lists

Capítulo 6

Para ir más lejos

Capítulo 1

Introducción

A. Microsoft 365 o Pack Office

Microsoft 365 es una suite ofimática accesible desde la nube como servicio SaaS. Esto significa que Microsoft le alquila un espacio (llamado "entorno") que le da acceso a una serie de aplicaciones que ejecuta en sus servidores. Estos servidores no solo se ocupan de almacenar los datos de sus aplicaciones, sino también de que estén disponibles y del mantenimiento de las aplicaciones (actualizaciones, mejoras, etc.).

Entre estas aplicaciones, conoce sin duda Outlook, que le permite gestionar sus correos electrónicos y agenda, Teams para la mensajería instantánea o el Paquete Office: Word, Excel, PowerPoint.

En lo que Microsoft 365 se diferencia del "simple" Pack Office es en que ya no se trata de comprar una licencia o una clave de activación que da acceso de por vida a un paquete de software fijo: Microsoft 365 está en constante evolución.

SaaS significa literalmente Software As A Service. Sus datos y programas ya no se presentan como un paquete descargable o un CD, sino que están a su disposición en servidores que pertenecen a Microsoft. Así, a diferencia del Pack Office clásico (versiones que su profesional informático le presenta como "locales" o "propietarias"), sus aplicaciones se actualizarán continuamente con nuevas funciones, interconexiones o incluso innovaciones de diseño.

Aún mejor: gracias a su suscripción, verá aparecer nuevas aplicaciones a lo largo del tiempo. Desde su creación en 2011 (con el nombre de Office 365), la suscripción se ha enriquecido con aplicaciones tan notables como Bookings o la Power Platform.

Como todas estas aplicaciones pertenecen al mismo editor (Microsoft), y se utilizan desde la Web (o sincronizadas con la Web en el caso de las aplicaciones de escritorio -también conocidas como cliente pesado, es decir, aplicaciones que puede ejecutar desde el menú **Inicio** de su ordenador), son capaces de transmitirse información entre sí como vasos comunicantes. Y, como cada una de estas aplicaciones se ejecuta desde un perfil de usuario que es único para Vd. (como una puerta que se abre con su tarjeta), los datos están seguros e individualizados.

Así, puede encontrar su agenda de Outlook en la aplicación Teams, o los miembros de su organización en las listas de SharePoint.

B. Licencias

Aquí vamos a ver las versiones profesionales de Microsoft 365 que incluyen Teams. Las siguientes licencias proporcionan acceso a todas las características presentadas:

- Para autónomos, Microempresas y PYMEs:
  - Microsoft 365 Empresa Básico
  - Microsoft 365 Empresa Estandard
  - Microsoft 365 Empresa Premium
- Para grandes empresas:
  - Aplicaciones de Microsoft 365 para negocios

Para conocer su licencia, haga lo siguiente:

- Abra su navegador web (preferiblemente Edge).
- Introduzca el siguiente enlace en la barra de direcciones: https://portal.office.com/account/?ref=MeControl
- Si se le pide, identifíquese con su dirección de correo electrónico profesional y su contraseña (generalmente las mismas que utiliza para iniciar sesión o para conectarse al sitio office.com).
- Haga clic en **Ver suscripciones**.

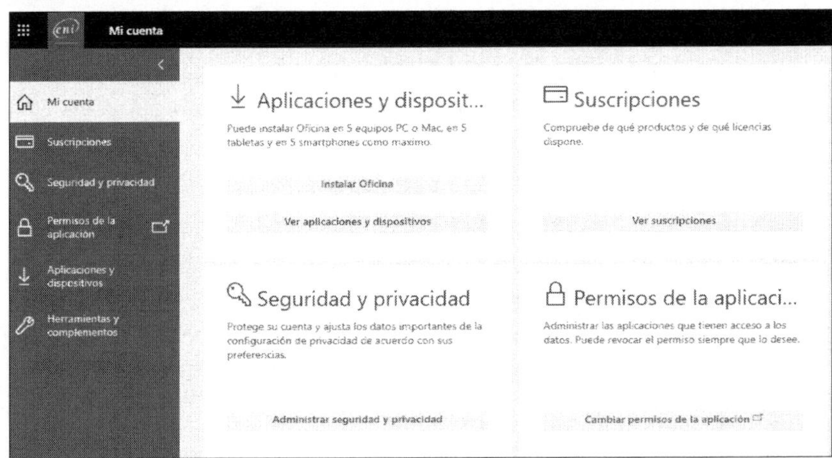

Esto es lo que verá cuando siga el enlace, una vez que haya iniciado sesión

Microsoft 365 E5

Defender Platform for Office 365
Immersive spaces for Teams
Purview Discovery
Defender for IoT - Enterprise IoT Security
Customer Lockbox (A)
Avatars for Teams (additional)
Avatars for Teams
Microsoft Loop
RETIRED - Commercial data protection for Microsoft Copilot
Microsoft Clipchamp
Microsoft 365 Audit Platform
Viva Engage Core
Windows Autopatch
Microsoft 365 Lighthouse (Plan 1)
Viva Learning Seeded
Nucleus
Information Protection and Governance Analytics – Standard
Windows Update for Business Deployment Service
Universal Print
Data Classification in Microsoft 365
Microsoft 365 Communication Compliance
Graph Connectors Search with Index
Information Protection and Governance Analytics - Premium
Power Virtual Agents for Office 365
Common Data Service for Teams
Project for Office (Plan E5)
Microsoft Endpoint DLP
Microsoft Insider Risk Management
Microsoft Excel Advanced Analytics
Microsoft 365 Defender
Common Data Service
Microsoft Bookings
Microsoft Records Management
Microsoft ML-Based Classification
Microsoft Insider Risk Management - Exchange
Microsoft Information Governance
Retired - Microsoft Data Investigations
Microsoft Customer Key

El detalle de su suscripción, incluidas todas las aplicaciones a las que tiene acceso y su número de usuario (oculto aquí)

Estas licencias tienen la ventaja de darle acceso no solo a las versiones en línea, sino también a las aplicaciones de escritorio que componen el Paquete Office.

Todos los elementos presentados aquí están disponibles a través de estas licencias. Sin embargo, puede añadirles módulos adicionales (en forma de licencias de pago). Las más comunes son:

- Power BI Pro para acceder a las funciones de generación de informes y análisis de Power BI, especialmente la creación de espacios de trabajo compartidos en línea;
- Teams Premium, que incluye traducción en directo y funciones avanzadas de conversación y eventos;
- Power Automate Premium para automatizar tareas mediante API o aplicaciones de terceros como Adobe Sign o DocuSign;
- Dynamics para la parte CRM y ERP de Microsoft;
- Copilot para Microsoft 365.

Veamos esta última licencia para establecer la diferencia entre las distintas realidades que se esconden tras el término **Copilot**.

Copilot Chat está integrado en las licencias mencionadas anteriormente. Esta versión de Copilot está disponible desde Microsoft Edge y proporciona resultados verbalizados para búsquedas en internet, mezclando las capacidades de Bing con la IA generativa de GPT-4 y Dall-E. Copilot Chat es capaz de realizar una búsqueda en Internet, interpretar los resultados y resumírselos, ya sea en formato de texto o de imagen, citando sus fuentes y referencias. También puede analizar una imagen o un enlace para elaborar un resumen.

Copilot para Microsoft 365 es distinto: está integrado en sus herramientas de Microsoft 365 (en las versiones Web y de escritorio). Esta versión de pago puede generar documentos (Word, Excel, PowerPoint), ayudarle a redactar mensajes o correos electrónicos, resumir lo que se ha dicho durante una reunión de Teams y ofrecer un resumen de los correos electrónicos que aún no ha tenido tiempo de leer.

Esta versión es personal, por lo que está vinculada a su perfil, lo que significa que puede consultar los documentos, correos electrónicos, conversaciones y citas a los que Vd. tenga acceso.

C. Seguridad de los datos

Microsoft 365 es adecuado para todos los sectores de actividad. Ofrece un nivel de seguridad de los datos personalizable y de alto rendimiento.

En primer lugar, porque muy probablemente los servidores que alojan su entorno están en el país desde el que se conecta. Microsoft opera más de 300 centros de datos en más de 34 países.

Además, sus datos tienen una tasa de disponibilidad del 99,9%. ¿Qué es lo que esto significa?

Sus datos se alojan en varios lugares, siempre en el mismo país para los llamados datos calientes (los que utiliza activamente) y al menos en su continente para una versión fría (una especie de copia de seguridad). Así, si el centro de datos donde están alojados sus datos se incendia o se derrumba, no los perderá.

A grandes rasgos, los centros de datos son granjas que albergan muchísimos ordenadores potentes. Son espacios dedicados específicamente a esta actividad, con un alto nivel de seguridad.

Además de la seguridad proporcionada directamente por Microsoft, cada administrador puede establecer el nivel de seguridad para su propio entorno, eligiendo el modo de autenticación o aplicando estrategias de retención, por ejemplo.

D. Trabajar en la nube

Las formas de trabajar cambian constantemente y muy deprisa: teletrabajo, flexoficina, espacios de coworking, full remote... Cuántos términos distintos para decir que hoy en día, el lugar de trabajo ya no es necesariamente la oficina. Debe poder llevarse los archivos a las reuniones, a casa, a un espacio de coworking, a un seminario y, por qué no, en el tren camino de ese seminario.

Trabajar en la nube lo hace posible. Sus aplicaciones no solo pueden estar disponibles en su ordenador, sino también desde cualquier navegador web, teléfono móvil o tableta.

Puede ponerse en contacto con su administrador de Microsoft 365 para conocer las restricciones de su entorno.

Con Microsoft 365, es el propio entorno el que se convierte en su oficina. Sea cual sea el medio que utilice, encontrará sus tareas exactamente como las dejó.

Además, trabajar en la nube permite un acceso colectivo a los datos compartidos: puede conectar a varias personas a un archivo, modificarlo, seguir en directo las modificaciones de sus compañeros y colaborar de forma mucho más eficaz.

Por último, al estar alojadas en el mismo lugar, sus aplicaciones pueden interactuar entre sí. Por ejemplo, puede enviar un mensaje instantáneo en Teams directamente desde un correo electrónico en Outlook, o las tareas que le han asignado en Planner pueden encontrarse en su lista de tareas pendientes del día. Hablaremos sobre ello más adelante.

E. Trabajar localmente

Las licencias que hemos mencionado antes también le dan la opción de descargar versiones "de escritorio" de los siguientes programas (conocidos como "Aplicaciones de escritorio de Office"):

- PowerPoint
- Excel
- Word
- OneNote
- Outlook
- (Access) – *según la licencia*
- (Publisher) – *según la licencia*

Estas aplicaciones son más potentes que las versiones "para la web". Ofrecen funciones avanzadas, sobre todo la creación de macros VBA (*Visual Basic for Applications*).

También permiten trabajar sin conexión.

Es importante que lo tenga en cuenta a lo largo del libro. Volveremos a este tema en la sección sobre la colaboración.

Estas versiones de las aplicaciones son locales: se instalan en su ordenador. Si cambia de ordenador, tendrá que descargarlas de nuevo, y algunos de los ajustes personalizados que haya hecho en ellas (palabras personalizadas en el diccionario, apariencia) no se guardarán en línea.

Sin embargo, la mayoría de sus acciones se replican en los servidores (siempre que esté conectado/a a Internet) de la siguiente manera: el servidor recibe la información (por ejemplo un correo electrónico). Este correo electrónico está disponible inmediatamente en la versión de Outlook para la Web (desde su navegador). A continuación, el servidor devuelve esta información a sus aplicaciones (Outlook para escritorio, Outlook para Android, Outlook para IOS, etc.).

Y al contrario, cuando se escribe un correo electrónico en la aplicación de escritorio, Outlook para escritorio lo transfiere al servidor, que lo envía.

El tiempo necesario para procesar esta información es del orden de unas centésimas de segundo, pero esta lógica tendrá su importancia más adelante.

Cuando se realicen operaciones, indicaremos sistemáticamente si deben realizarse desde la aplicación de escritorio. Si no hay ningún requisito, se realizarán desde la aplicación web.

F. Add-ins

Entre las muchas ventajas de Microsoft 365 se encuentran los *add-ins* (también llamados "complementos"). Se trata de módulos complementarios que pueden integrarse en sus aplicaciones de escritorio, aplicaciones web o incluso en sus canales de equipo de Teams. Una vez instalados, añaden nuevas funcionalidades a su aplicación o actúan como enlace entre esta y un software de terceros que también utilice (Jira, Monday, SAP, SalesForce, etc.).

Todos los *add-ins* están disponibles en este enlace de la tienda de Microsoft 365 :
https://m365.cloud.microsoft/apps?auth=2&home=1 (este enlace requiere que inicie sesión en su cuenta de Microsoft 365).

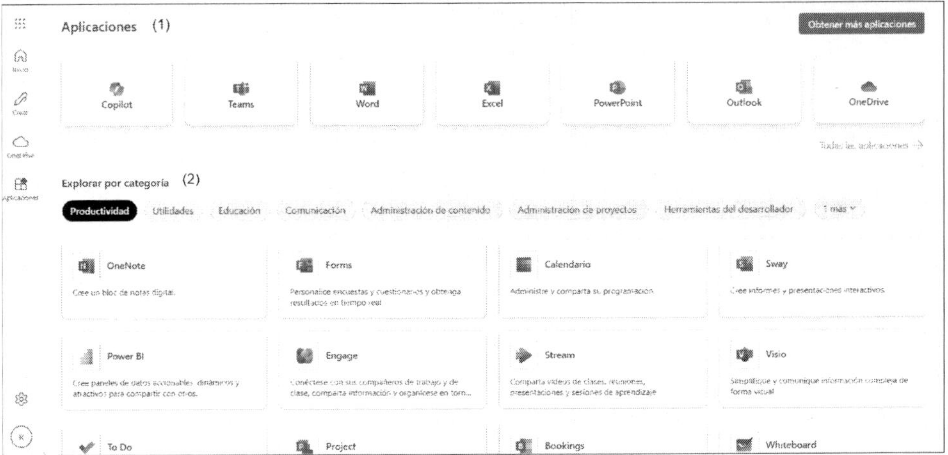

Página de inicio

La página de inicio le permite buscar directamente una aplicación (1) o utilizar filtros (2).

Un icono a la derecha del título le permite identificar rápidamente las aplicaciones certificadas por Microsoft.

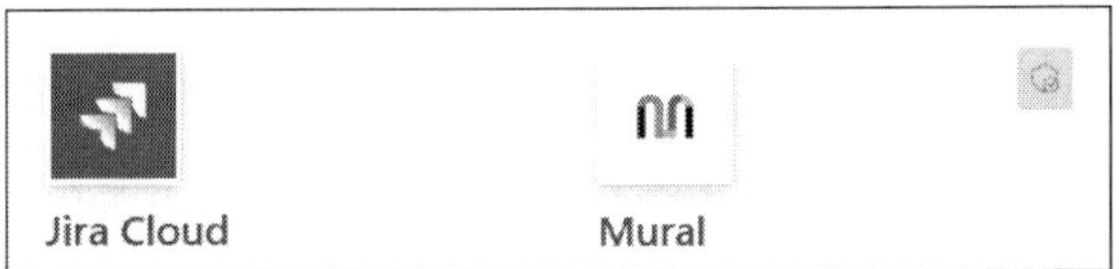

Mural está certificado por Microsoft, Jira Cloud no.

Todas las aplicaciones disponibles en la Store han sido desarrolladas por socios certificados. Esto significa que, para cada una de ellas, Microsoft ha verificado la conformidad de la gestión y el tratamiento de los datos de la aplicación. La certificación es un segundo nivel de garantía: en este caso, el editor se somete a una auditoría de conformidad con diversas normas (SOC 2, PCI SS, ISO 27001). Por tanto, estos add-ins se ajustan perfectamente a la política de conformidad de Microsoft.

También puede añadir add-ins directamente desde sus aplicaciones. Aquí hay algunos ejemplos:

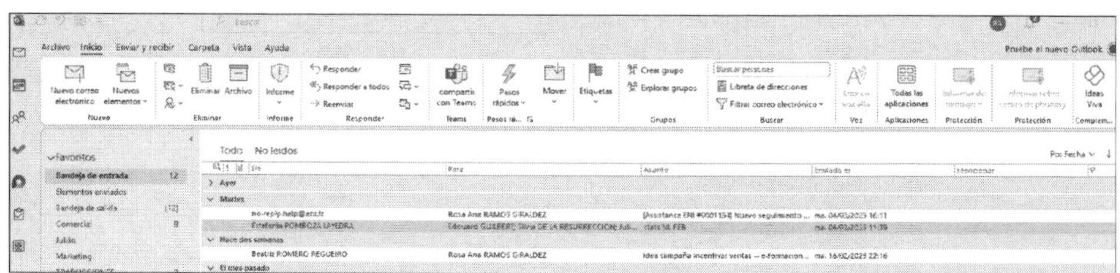

Desde Outlook para escritorio, utilizando el icono de la cinta de opciones .

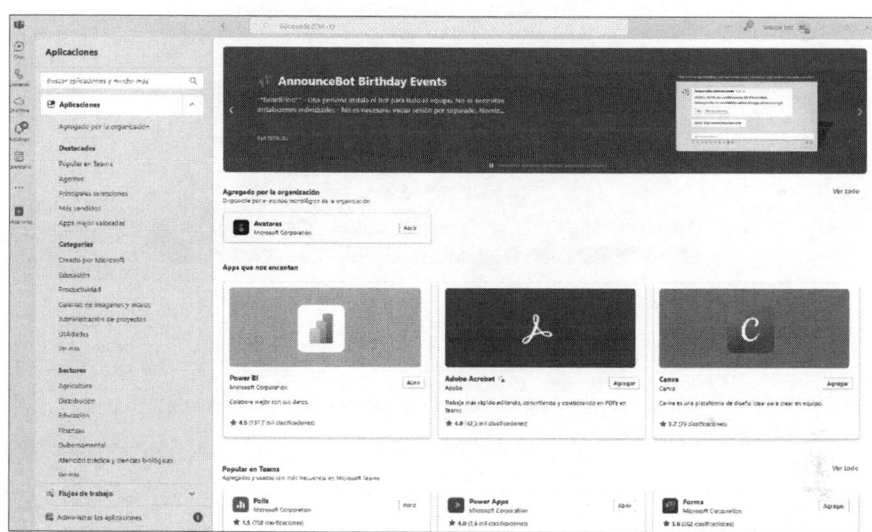

Desde Teams, utilizando el icono situado en la parte izquierda de la pantalla (a diferencia de Outlook, Teams ofrecerá, siempre que sea posible, la opción de añadir su add-in a la aplicación, a un equipo, a un canal o incluso a una conversación).

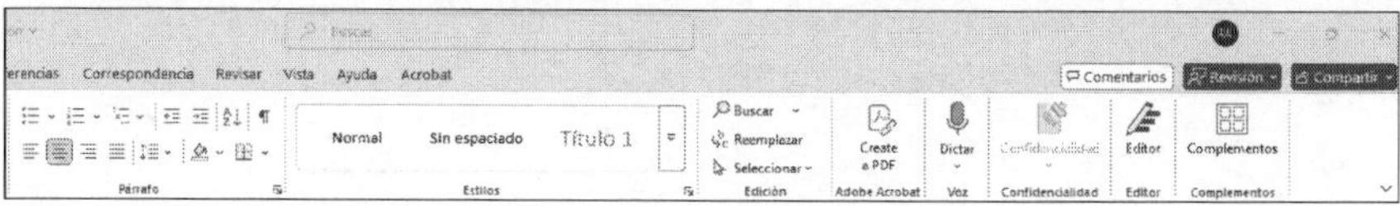

En Word para escritorio, utilizando el icono situado en la parte derecha de la cinta de opciones

Acceder a los add-ins directamente desde su aplicación actúa como un filtro: solo verá los compatibles con la aplicación desde la que accede a la biblioteca de add-ins.

Para cada add-in, encontrará cierta información de utilidad:

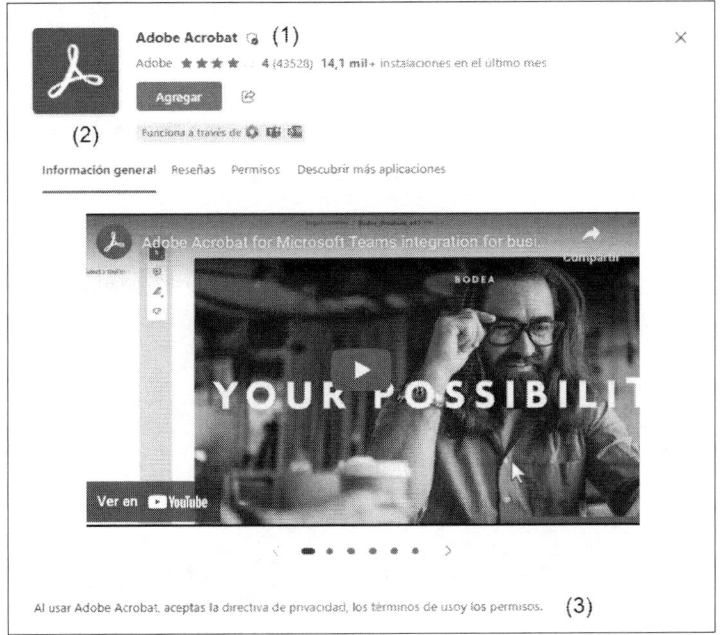

Detalles del complemento Adobe Acrobat en la tienda

En primer lugar, encontrará el nombre del desarrollador (1). Puede ser directamente de Microsoft o de terceros editores acreditados.

Bajo el botón **Agregar**, encontrará los detalles de las aplicaciones a las que su complemento añadirá funcionalidad (2).

A continuación encontrará una descripción ilustrada de para qué sirve el complemento. En esta descripción encontrará todas las funciones detalladas de la aplicación y los distintos idiomas disponibles. Atención: si desea utilizar su complemento en el marco de una colaboración, el resto de usuarios deberán poder trabajar en uno de los idiomas disponibles.

Después están las autorizaciones del complemento. Se conectará a su aplicación y tendrá que autorizarlo a leer y/o editar sus datos, enviar correos electrónicos en su nombre o recibir mensajes de una conversación. Asegúrase de que esto no entra en conflicto con las normas de seguridad de su organización o las propias de su función. Cada una de las aplicaciones remite a la política de confidencialidad del editor para ayudarle a elegir (3).

Un poco más abajo, la tienda le sugerirá aplicaciones sobre el mismo tema.

Volvamos por un momento a las aplicaciones desarrolladas para software de terceros, no pertenecientes a Microsoft. Cuando se trata de estos complementos, hay que tener en cuenta dos cosas. En primer lugar, ¿requieren licencias adicionales? Por definición, este software no está incluido en la suscripción. Algunas ofertas son gratuitas, mientras que otras no. En cualquier caso, tendrá que crear una cuenta directamente con el editor para poder aprovechar sus funciones en su biblioteca de complementos.

Existen dos tipos de complementos. Los primeros son simples interfaces de acceso al software del editor, cuyo único valor añadido es que no tiene que cambiar de ventana para acceder a las funciones del software. Un ejemplo es Adobe Sign para Outlook, que permite generar solicitudes de firma sin salir de la interfaz de Outlook.

La segunda categoría añade la funcionalidad de su software de terceros directamente a su aplicación. Algunos ejemplos son Team Viewer para el calendario de Outlook, que permite programar una reunión tanto en el calendario de Outlook como en Team Viewer con un solo clic, o SMS Meeting (asociado a una licencia de pago), que envía automáticamente un mensaje de texto recordatorio cuando se programa una reunión.

G. Conclusión

Esta introducción nos has permitido comprender mejor cómo funciona Microsoft 365 y su valor añadido en comparación al Paquete Office tradicional. En resumen:

- gestionar sus datos en un entorno seguro que cumpla las principales normas en materia de gestión de la información;
- disponer regularmente de nuevas funciones y/o aplicaciones;
- recuperar y utilizar sus datos en cualquier momento y lugar;
- trabajar offline si es necesario;
- personalizar su interfaz añadiendo funciones adicionales y conectándola a otros programas o aplicaciones de su organización.

Como ves, la mejor manera de conservar estas ventajas es aprovechar al máximo las herramientas que proporciona Microsoft y sus interacciones, ya sean nativas o creadas a través de otras herramientas de Microsoft 365.

Veremos en este libro que Microsoft 365 ofrece todas las herramientas que necesitarás y te permite crear nuevas de forma rápida y sencilla si lo que buscas aún no existe.

Capítulo 2

Microsoft 365, su asistente personal

A. Conciliación de la vida personal y profesional

Microsoft 365 es lo que llamamos una "oficina virtual". Está disponible en todas partes, a todas horas, desde cualquier medio. Pero Vd. y sus compañeros siguen siendo seres humanos. Y Microsoft ha pensado en ello.

1. "Hola Maite, ¿estás libre?"

a. Definir su horario de trabajo

Como hemos visto, las aplicaciones de Microsoft se comunican entre sí, lo que tendrá mucho que ver en la importancia de limitar las horas de trabajo.

Desde Outlook, puede definir su horario de trabajo. Esta información se transmitirá a Teams y repercutirá en su estado de disponibilidad. También se transmite a las aplicaciones Booking y Bookings with me, que veremos más adelante en este libro, para evitar que se concierten citas en horas no laborables.

Del mismo modo, fijar un mensaje de ausencia mientras está de vacaciones o de viaje bloqueará su agenda (y mucho más, ya lo veremos).

Por último, en una agenda correctamente cumplimentada, el estado de disponibilidad que elija repercutirá en estas diferentes herramientas.

<u>Outlook para la Web</u>

En este caso, es más apropiado utilizar la versión web de Outlook, que ofrece (en el momento de escribir estas líneas) una mayor libertad de personalización. Con la versión de escritorio de Outlook, no puede especificar dónde trabaja y solo puede elegir una franja horaria para todos los días que trabaje.

✎ Vaya a https://outlook.office.com/mail/ e inicie sesión con los mismos datos de acceso que antes.

En el banner situado en la parte superior derecha de su pantalla, haga clic en el icono  y, a continuación, en **Calendario**, **Horas de trabajo y ubicación**:

Resultado de las manipulaciones anteriores

A continuación, podrá definir sus días de trabajo y asignarles un lugar. Si lo desea, también puede definir varias franjas horarias para el mismo día (para por ejemplo indicar su pausa para comer) haciendo clic en el botón azul + al final de cada línea. Podrá introducir hasta tres franjas horarias de disponibilidad diferentes para cada día, pudiendo asignar un lugar distinto para cada una.

Por ejemplo, podría:

- trabajar desde casa los lunes de 8.00 a 12.00;
- ir a la oficina de 14.00 a 17.00;
- y planear terminar su jornada teletrabajando para atender sus llamadas de 18.00 a 19.00 horas.

Esta definición de su horario de trabajo permitirá bloquear las franjas horarias en las que no estará disponible. Es posible que en su calendario estos horarios estén representados por la parte blanca (disponible) y la parte gris (no disponible).

El lugar de trabajo se indica mediante un icono en la esquina superior izquierda del número de día: un edificio de oficinas cuando se trabaja desde las instalaciones de la empresa, una casa cuando se teletrabaja, o los dos iconos superpuestos para los días híbridos.

b. Definir su estado de disponibilidad en el calendario de Outlook

Aunque las horas de trabajo son por defecto las horas en las que no está disponible, no son las únicas que afectan a su agenda. Cuando crea una cita o un evento en su agenda, puede definir su estado de disponibilidad según cinco criterios predefinidos:

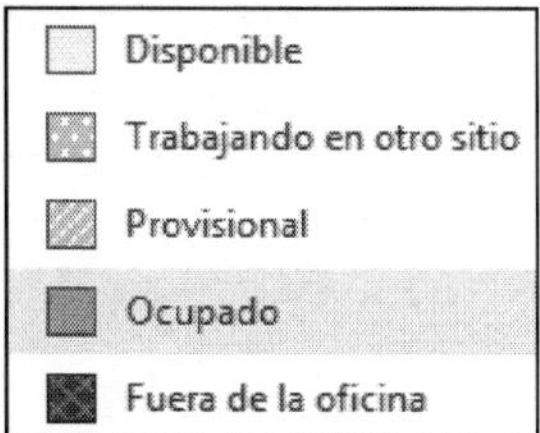

Estado de disponibilidad de una cita o evento en Outlook

Estos diferentes estados son visibles para toda persona que tenga acceso a su calendario, y se indican mediante códigos de color a la izquierda del texto. También se reflejan en el asistente de planificación de Outlook.

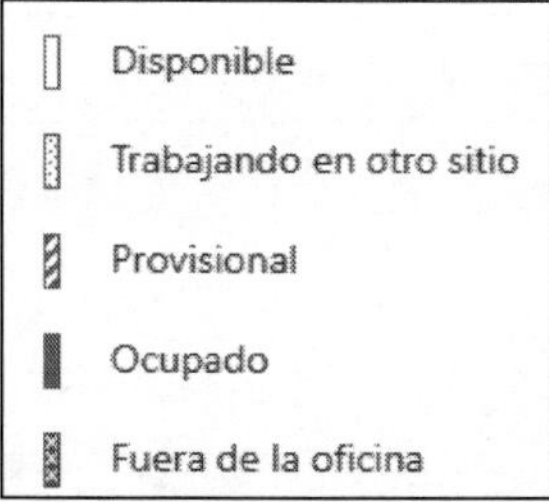

Visualización de diferentes eventos y su estado de disponibilidad en un calendario de Outlook para la Web

Lejos de ser anecdóticos, estos distintos estados tienen un gran impacto, tanto a nivel interno, para las personas que utilizan el asistente de programación de Outlook o la encuesta de programación y que sabrán de un vistazo cuándo es el mejor momento para sugerir una cita, sino también para su uso futuro de Bookings y Bookings with me, presentado más adelante en este libro (capítulo Houston, tenemos un problema: colaborar de forma externa con Microsoft 365, apartado Sincronicen sus relojes).

Por defecto, el estado de disponibilidad asignado a un evento es "Ocupado" para los eventos con hora de inicio y fin, y "Disponible" para un evento de "Todo el día".

Para cambiar el estado de su evento/cita, haga lo siguiente:

- Abra o cree una cita en Outlook (versión de escritorio o web).
- En Outlook para la Web, haga clic en **Ocupado**, seleccione un estado y guárdelo.

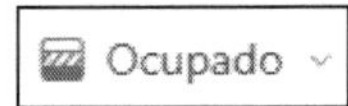

Botón que debe seleccionar en el menú superior de los detalles del evento

- En Outlook para escritorio, abra el menú desplegable **Mostrar como** y elija un estado:

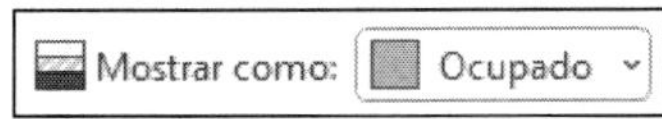

Menú desplegable para cambiar el estado de una cita en Outlook (versión de escritorio)

De nuevo por defecto, cuando se crea un mensaje de ausencia, las fechas utilizadas para crear el mensaje se reflejan en su agenda con el estado "Ausente".

Los mensajes de ausencia son respuestas automáticas enviadas interna y/o externamente a todas las personas que intentan ponerse en contacto con Vd. mientras está ausente. Totalmente personalizables, puede indicar a su contacto cuánto tiempo estará ausente y cómo tener respuesta a su mensaje: esperar a que vuelva, enviarle un SMS, dirigirse a otro compañero/a, etc.

Para crear un mensaje de ausencia en Outlook para la Web, haga lo siguiente:

- Haga clic en en la parte superior derecha de la pantalla.
- A continuación, haga clic en **Cuenta** en el menú de la izquierda.
- A continuación, seleccione **Respuestas automáticas**.
- Haga clic en el botón **Activar las respuestas automáticas** y configure su mensaje.

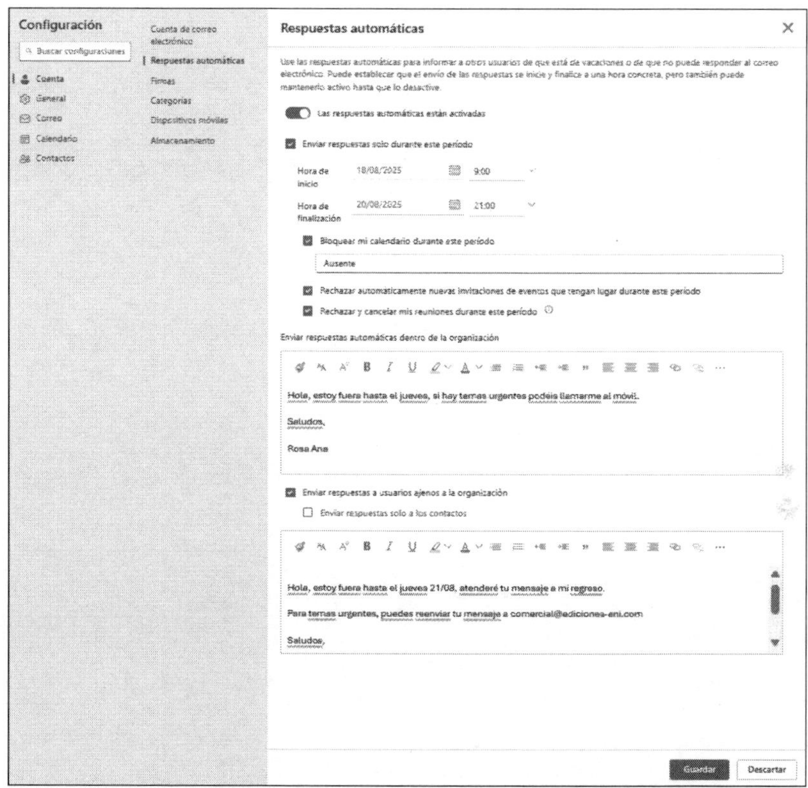

Configuración de una respuesta automática en Outlook para la Web

Puede elegir si desea reflejar o no su ausencia en su agenda, anular las citas concertadas durante ese periodo de ausencia, rechazar automáticamente los eventos que se le propongan durante ese periodo y enviar mensajes internos, externos (en general) o externos (solo a sus contactos) para informarles de su ausencia.

Los mensajes de ausencia pueden configurarse con antelación. Se activan y desactivan automáticamente según las fechas y horas establecidas.

Estos mensajes también repercuten en su estado de disponibilidad en Teams.

Así que puede ser una buena idea (si no quiere olvidarse) programar su mensaje de unas vacaciones a otras.

c. Estado de disponibilidad en Teams

Todos los elementos que afectan a su calendario Outlook se reproducen en su estado Teams: su horario de trabajo, sus citas, sus eventos, así como su lugar de trabajo (en interno) y su mensaje de ausencia.

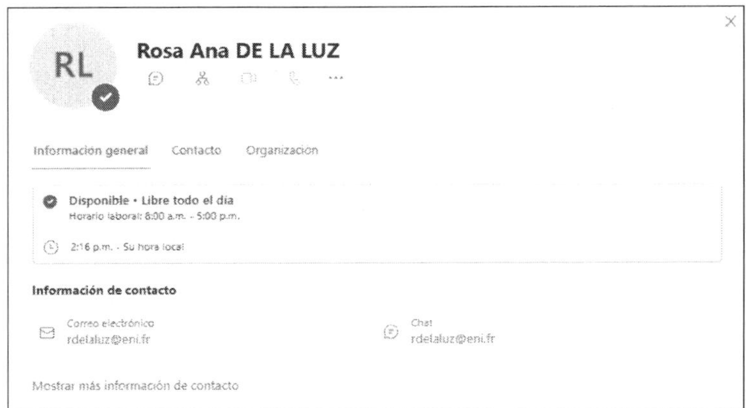

Ejemplo de estado en Teams (vista interna)

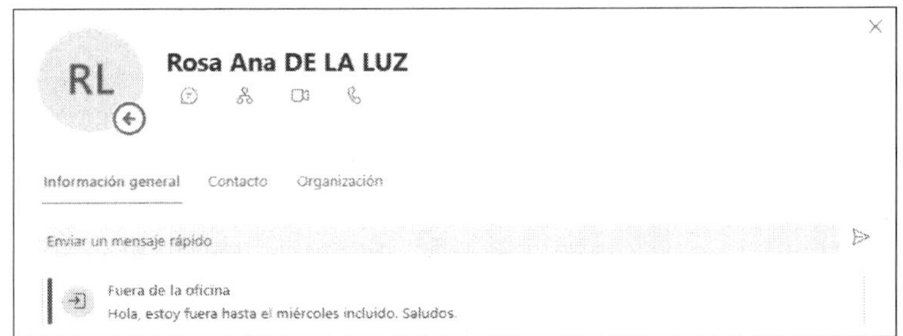

Ejemplo de mensaje de ausencia en Teams

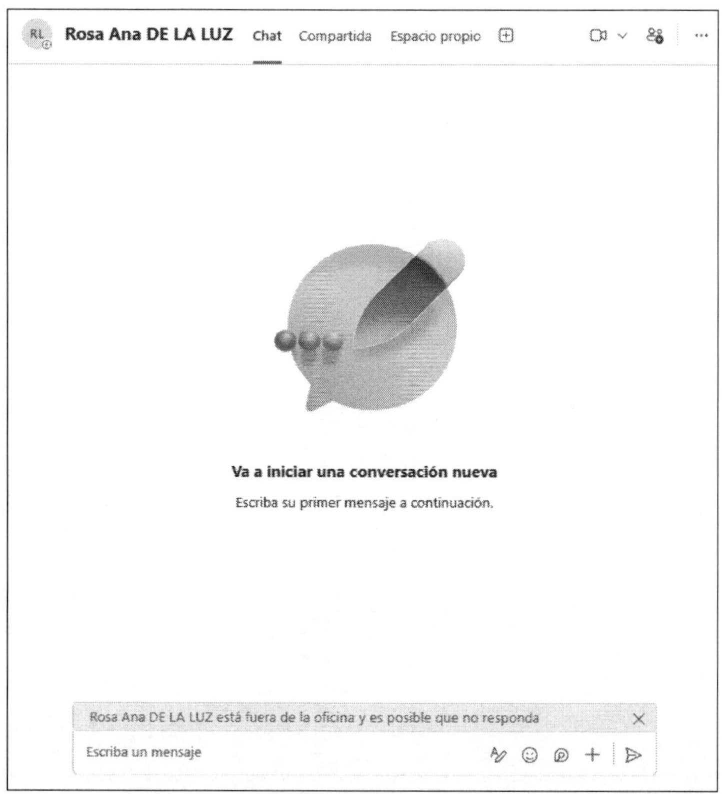

Este mensaje también aparece en la parte superior de las conversaciones y los canales, cuando alguien le escribe directamente o le etiqueta durante su ausencia

Estos son los estados disponibles en Teams:

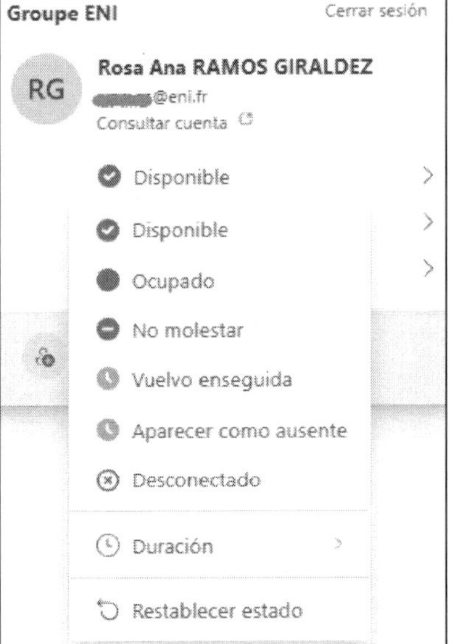

Estados disponibles en Teams

Los estados de Teams, heredados o no del calendario de Outlook, influyen en la forma en que los usuarios pueden interactuar con usted. Veámoslo más de cerca:

- **Disponible**: está conectado/a a su ordenador, su calendario está vacío para esta franja horaria, recibirá todas las notificaciones que haya aceptado.
- **Ocupado**: recibe notificaciones, pero los usuarios saben que no podrá responder inmediatamente. Este es el caso, por ejemplo, si tiene un evento en curso en su agenda o si está participando en una videollamada.
- **No molestar**: este estado bloquea la recepción de notificaciones. Se activa automáticamente cuando comparte su pantalla en una videollamada en Teams.
- **Vuelvo enseguida**: este estado es totalmente manual y nunca se aplicará automáticamente.
- **Aparecer como ausente**: cuando su ordenador se bloquea o deja de estar activo, aparece ausente.
- **Desconectado**: este estado se activa cuando desconecta la sesión o apaga el ordenador.

A excepción de **No molestar**, recibirá notificaciones de sus contactos según la configuración que haya definido (consulte el capítulo Microsoft 365, coordinador de colaboración).

2. Elegir el método de comunicación adecuado

Ahora que sus contactos saben cuándo pueden ponerse en contacto con Vd. y cuándo no, es hora de definir cómo deben hacerlo. Al fin y al cabo, el correo electrónico no es la solución a todo, y en la sección anterior ya nos hemos hecho una idea de lo que Teams es capaz de hacer. Veamos entonces cómo elegir el método de comunicación adecuado.

a. Outlook

Outlook es un programa que permite enviar correo electrónico y que, por tanto, se ajusta en gran medida a los códigos de correo.

Estamos en 1977. Al son de los Bee Gees, Martina prepara una carta para uno de los proveedores de su empresa, informándole de las fechas en las que el almacén permanecerá cerrado durante las fiestas. Mete la carta en un sobre y lo lleva al departamento de correos de su empresa, quien la entregará al cartero, que la llevará al servicio de correos de su proveedor, que a su vez la entregará a Juan Carlos, encargado de las entregas. Martina no tendrá respuesta de Juan Carlos, pero él sí transmitirá la información a los empleados que corresponda.

En esta historia, no se pone en copia a nadie ni se pide una respuesta (que, aunque la hubiera, no sería instantánea). El mensaje de Martina es importante, pero no necesariamente urgente. También respeta los códigos de redacción de las cartas: saluda al destinatario al principio y al final, utiliza un lenguaje correcto y la firma, indicando su empresa, nombre y cargo. También puso la fecha.

Todos estos códigos se pueden encontrar hoy día en el correo electrónico (cuando se utiliza correctamente). Aquí están las reglas:

- Escriba solo a la(s) persona(s) realmente implicada(s).
- Programe la fecha/hora de sus envíos si lo necesita.
- No olvide las normas de educación (aunque menos formales que en una carta estándar, siguen siendo esenciales).
- Un correo electrónico no puede ser "¡¡¡URGENTE!!!", solo porque sea importante. Su interlocutor necesita tiempo para encontrar y formular la información que va a devolverle. Un plazo de respuesta razonable oscila entre 24 y 48 horas.

El correo se utiliza con dos fines. En primer lugar, la comunicación fuera de su empresa, la que es formal, con sus clientes, proveedores, prestatarios de servicios, etc. Sus correos electrónicos actúan como forma de correspondencia y son vinculantes en caso de litigio.

En segundo lugar, para formalizar una conversación. El correo puede enviarse, por ejemplo, para confirmar su solicitud de traslado tras una reunión con su responsable de recursos humanos. En este caso, puede ser buena idea poner en copia a su superior inmediato para confirmar su solicitud.

El correo electrónico tiene un valor jurídico real. Está fechado y el remitente y el destinatario están claramente identificados.

Hay dos tipos de confirmación:

- Acuse de recibo. Es automático. Es una respuesta del servidor de correo del destinatario que certifica que un correo electrónico ha llegado al dominio del destinatario. Es el equivalente a la confirmación de entrega de Correos.
- Una confirmación de lectura. Esta vez, sin embargo, la acción de reconocer que el mensaje ha sido leído es individual y voluntaria (como recoger una carta certificada de la oficina de correos).

b. Conversaciones en Teams 1:1

Es la opción preferida para asuntos urgentes de poca o ninguna importancia. ¿Necesita avisar de algo ("el ascensor se ha averiado"), la respuesta de su interlocutor determina el resto del día ("Juan Carlos quiere el informe de la BBC para esta tarde, ¿qué hago?"), o simplemente quiere charlar? La herramienta adecuada es la conversación a través de Teams.

La conversación está diseñada para ser un intercambio espontáneo que no necesitará consultar dentro de unos meses. Es el equivalente a una conversación por SMS, WhatsApp o Messenger. Cuando teletrabaja, también es el equivalente a la máquina de café o al lugar donde está el cenicero en la pausa para fumar.

"1:1" se lee "one-to-one". La idea es que está a solas con la persona con la que habla. Veremos en un capítulo más adelante que las conversaciones también pueden ser creadas para varias personas.

Estas conversaciones activan sistemáticamente notificaciones entre usted y la persona con la que está hablando. Si su estado de disponibilidad es "No molestar", las notificaciones se almacenarán en el centro de notificaciones hasta que vuelva a estar disponible.

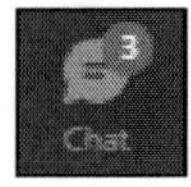

Notificación de mensaje no leído en una conversación

Al igual que con un correo electrónico, en una conversación de Teams puede enviar elementos a la otra persona. Todos los elementos enviados se almacenarán en la pestaña **Archivos** de la conversación.

También puede utilizar las múltiples herramientas que tiene a su disposición, como los componentes Loop (que veremos más adelante), así como emoticonos y gifs animados.

Puede dar formato a sus mensajes (incluso con tablas o listas con viñetas) pulsando sobre la **A** con un lápiz al final de la línea.

Por defecto, en las conversaciones, esta función, llamada **Opciones de formato**, no está activa. Puede activarse haciendo clic en el botón.

Cuando está inactiva, al pulsar la tecla ⏎ del teclado se enviará el mensaje que acaba de escribir. En cambio, si esta función está activada, al pulsar la tecla provocará un salto de línea (o retorno de carro), lo que le permitirá escribir párrafos.

Por último, puede saber si sus mensajes han sido leídos gracias al icono de la parte inferior derecha del último mensaje enviado: un ojo indica que el mensaje ha sido leído y una marca en un círculo, que todavía no.

Así pues, Teams no tiene nada que envidiar a los correos electrónicos, salvo que el valor jurídico de los mensajes es más discutible.

B. Aumentar la productividad

¿Quién no se ha ahogado en los correos electrónicos al volver de vacaciones? Esto no tiene por qué ser así. Una vez que haya aplicado el principio de utilizar el correo electrónico en interno, ya lo estará mucho menos. Mientras tanto, aquí tiene algunos consejos que le ayudarán a mantener la cabeza fuera del agua.

1. Creación de reglas

Outlook permite de forma nativa definir reglas de procesamiento para el correo entrante. Por ejemplo, puede eliminar automáticamente los mensajes de una dirección "sin respuesta", marcar como importante el correo del que soy el único destinatario o archivar todo el correo recibido entre el 01/12/2023 y el 30/04/2024 que contenga "Feliz Año Nuevo" en la carpeta "Feliz Año 2024" para poder responder más rápido.

Cada regla tiene un nombre que puede definir libremente. Sea claro/a, conciso/a y preciso/a, como si la estuviera nombrando para otra persona. El objetivo de las reglas es definirlas una vez y que no vuelvan a cambiarse. Así que, si tuviera que cambiar alguna, seguramente será meses después de haberla creado, y tendrá que identificar rápidamente lo que pretendía al guardarla solo mirando los nombres o, de lo contrario, tendrá que abrirlas todas una por una...

✎ Cree una nueva regla y nómbrela.

- Añada una o más condiciones para determinar cuándo debe activarse la regla. Puede elegir entre varias condiciones predefinidas por Microsoft. No es posible crear otras nuevas. Por otra parte, puede elegir varias, pero serán acumulativas (condición 1 Y condición 2), la función "o" no existe. Por ejemplo, puede definir la condición: "SI soy el único destinatario Y el asunto o el cuerpo del mensaje contiene "Feliz Año Nuevo, ENTONCES...". Sin embargo, no puede definir la condición: "SI soy el único destinatario O mi nombre no aparece en la línea CC, ENTONCES...".
- Una vez definida(s) la(s) condición(es), puede añadir una o varias acciones que se realizarán para los mensajes recibidos que cumplan sus condiciones. Por ejemplo: marcar como leído, reenviar, suprimir, mover, etc.
- En otro apartado también se le permite añadir excepciones. Por ejemplo, puede excluir de la regla determinados nombres de dominio, mensajes que contengan archivos adjuntos o mensajes demasiado grandes. Esta etapa es opcional.
- Cuando haya terminado de configurar su regla, tendrá dos opciones: **Detener el procesamiento de más reglas** y **Ejecutar regla ahora**. La primera le permite no aplicar ninguna otra regla al mensaje que se está procesando. Por ejemplo: ha definido dos reglas, la primera de las cuales bloquea los mensajes que contienen archivos adjuntos y la segunda borra los mensajes enviados desde "no-reply@test.fr". Imagine que llega a su bandeja de entrada un mensaje de "no-reply@test.fr" que contiene un archivo adjunto. Para que se bloquee y no se elimine, tiene que marcar la casilla **Detener el procesamiento de más reglas en la primera regla**. La segunda regla no se aplicará.
- La opción **Ejecutar regla ahora** permite aplicar la regla a los elementos que ya están en la bandeja de entrada.

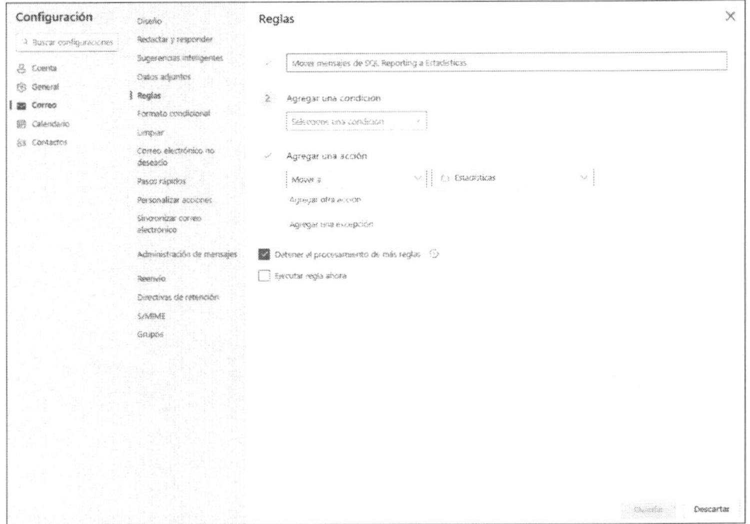

2. (Des)archivar: búsqueda avanzada

No es buena idea utilizar en Outlook un árbol de carpetas extenso. De hecho, cuanto mayor sea, peor. Cuando uno busca algo en una maraña de carpetas, subcarpetas y sub-subcarpetas, casi siempre acaba tirando la toalla y utilizando la barra de búsqueda a la desesperada. Así que empiece por ahí.

La barra de búsqueda de Outlook ha mejorado en los últimos años, permitiéndole realizar búsquedas concretas. Haciendo clic en el símbolo situado al final del cuadro de introducción de texto se accede a la búsqueda avanzada. Veamos los distintos campos:

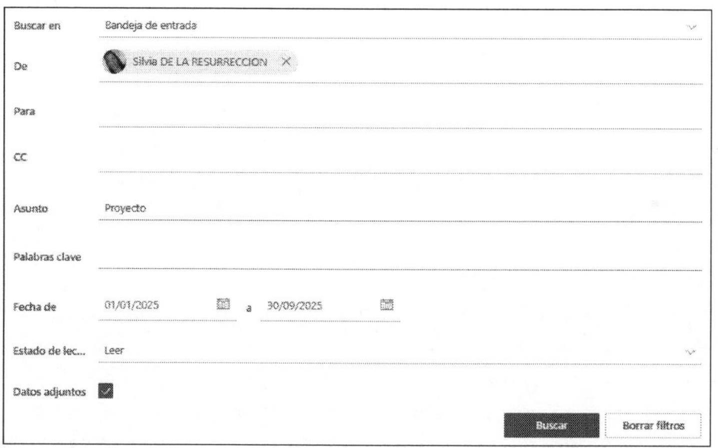

Búsqueda avanzada en Outlook

- **Buscar en** permite seleccionar la ubicación de la búsqueda (elementos enviados, carpetas, bandeja de entrada, elementos eliminados, etc.). Por defecto, en la búsqueda se utilizan todas las carpetas.
- **De** representa al remitente del mensaje.
- **Para** representa al destinatario, CC a la(s) persona(s) en copia del mensaje.
- **Asunto** buscará un asunto completo o parcial.
- **Palabras clave** busca en el conjunto de campos disponibles (asunto, cuerpo del mensaje, direcciones de correo).
- **Fecha** permite determinar un intervalo de tiempo en el que limitar las búsquedas. Se trata de la fecha en la que se recibió el mensaje.
- **Estado de lectura** permite distinguir entre mensajes leídos y no leídos.
- Si marca **Datos adjuntos**, solo se seleccionarán los mensajes que los contengan.

Pero entonces, ¿para qué sirven las carpetas?

Las carpetas tienen distintos usos importantes. En primer lugar, una carpeta puede compartirse con otros usuarios, lo que permite poner a su disposición algunos mensajes sin compartir su bandeja de entrada.

También puede utilizar carpetas para el correo que deba conservarse durante un periodo de tiempo determinado.

Sin embargo, su buzón no está diseñado para almacenar archivos adjuntos, que ocupan mucho espacio de almacenamiento. Es mejor almacenar esos documentos en su espacio en la nube.

En un mundo ideal (y si me lo permite, en su día a día), Vd. debería trabajar con tres carpetas:

- Su bandeja de entrada, que contiene el correo con el que debe hacer algo.
- Su archivo, que contiene los documentos de los últimos (X) meses que puede necesitar, pero de los que no se espera que haga nada (generalmente, si usted es una de las personas en copia de un correo, puede archivarlo tan pronto como lo haya leído).
- La papelera de reciclaje. Porque sí, tiene todo el derecho a tirar el correo a la papelera, no es necesario guardarlo todo.

La papelera de reciclaje de Outlook conservará los elementos eliminados durante treinta días antes de eliminarlos definitivamente.

Tenga en cuenta que su correo no es neutro desde el punto de vista medioambiental. Cuando añade destinatarios en copia de sus mensajes (un destinatario más significa un mensaje más), cuando adjunta grandes archivos y más aún cuando envía un archivo grande a varios destinatarios...

Del mismo modo, tanto en su Outlook como en sus nubes, sus datos se almacenan y están disponibles cuando los necesita. Cuantos más datos almacene, más tráfico habrá para mantenerlos disponibles y mayor será el impacto medioambiental.

3. Categorizar

Outlook permite crear categorías en todas sus funciones. Así, cuando defina una categoría en la pestaña **Correo** (✉), la encontrará en su calendario y en su lista To Do.

Estas categorías están representadas por una etiqueta de color asignada a los diferentes elementos de su Outlook. Pueden utilizarse para clientes, proyectos o incluso para tipos de actividad (administrativo, comercial, etc.).

El objetivo de estas categorías es facilitarle la lectura, la búsqueda y el orden de su buzón.

Para definir una categoría, ya sea en un correo o en un evento de su calendario:

- Haga clic con el botón derecho en el elemento.
- Seleccione **Categorizar**.
- A continuación, puede elegir una de las categorías que haya creado, crear una nueva o gestionar las existentes.

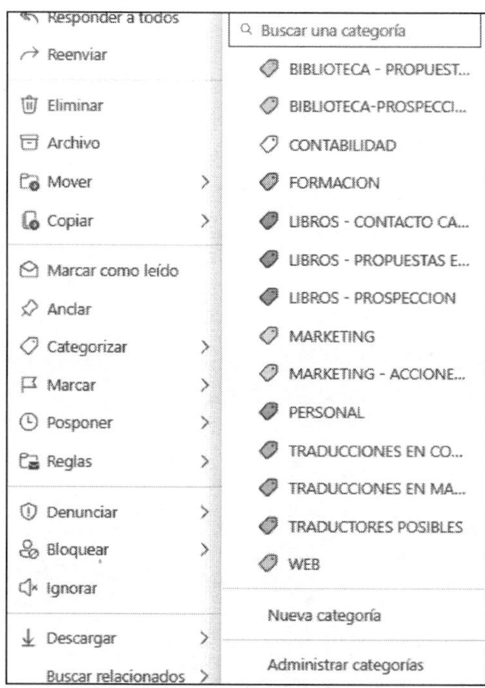

Categorías en Outlook

El número de colores disponibles es limitado, así que recuerde optimizar sus categorías para no verse abrumado/a por banderas de colores.

4. Utilizar los marcadores

Otra forma de optimizar el uso de Outlook es utilizar (y abusar) de los marcadores. Son las banderitas rojas que puede seleccionar al final de un correo electrónico.

Recuerde: su bandeja de entrada solo debe contener el correo sobre el que tenga que actuar. Los marcadores le permiten añadir una fecha de vencimiento a sus mensajes, creándose automáticamente una tarea que encontrará en su aplicación To Do, en la categoría **Correo electrónico marcado** (véase el punto siguiente).

Los marcadores también están disponibles en su carpeta de elementos enviados. Pueden utilizarse para recordarle hacer un reenvío o para comprobar que su contacto ha hecho una acción a tiempo.

- Para añadir un marcador, haga clic en el icono situado a la derecha del asunto del correo electrónico, o haga clic en el mensaje con el botón derecho del ratón, luego en **Marcar** y, a continuación, seleccione la fecha.

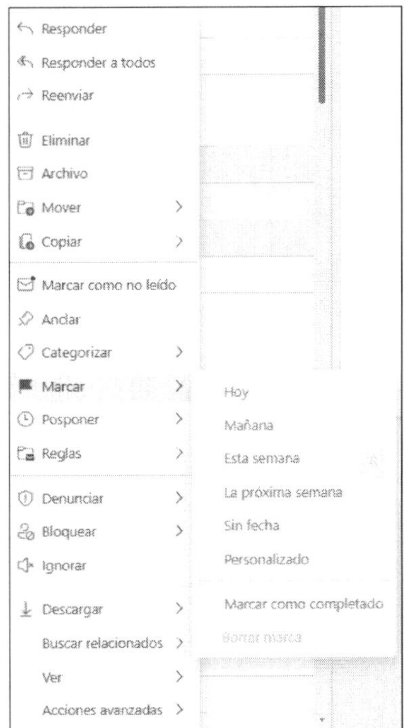

Cuando haya terminado de procesar un correo, puede marcarlo como **Completado** y, por tanto, optar por archivarlo o eliminarlo.

- Para ello, vuelva a hacer clic en el icono o haga clic con el botón derecho y seleccione **Marcar - Marcar como completado**.

Por lo tanto, se entiende que un mensaje sin indicador en su bandeja de entrada es un mensaje no leído.

En la antigua versión de escritorio de Outlook, los indicadores pueden utilizarse como una clave de clasificación: puede agrupar su correo en función de la fecha de finalización que haya asignado a su indicador, lo que le permite ver de un vistazo qué correos tiene que tratar hoy, mañana o más adelante.

Esta función aún no está disponible en la nueva versión de Outlook para escritorio, ni en sus versiones web o móvil ni hay información de Microsoft que sugiera que vaya a estarlo.

Sin embargo, si es disciplinado/a con los marcadores, tendrá una bandeja de entrada mucho más eficiente.

5. Centralizar en To Do

Como ya hemos hablado varias veces, To Do le permite gestionar sus tareas, incluyendo sus categorías de Outlook y su correo con marcadores. Pero eso no es todo.

a. Interfaz y funciones

To Do es una aplicación de Microsoft 365 por derecho propio. Se puede acceder a ella desde Outlook, pero también desde la página de inicio de Microsoft 365 en línea, y está disponible como aplicación para Windows, Android e iOS.

La parte izquierda de la interfaz muestra un conjunto de listas predefinidas:

Mi día

Esta pestaña agrupa todas las tareas cuya fecha de vencimiento corresponde a la fecha del día, de forma totalmente automática. Encontrará, por tanto, todas las tareas que ha previsto acabar hoy. En la parte superior derecha de esta pestaña, una bombilla le mostrará las **Sugerencias**. Se trata de mostrar las tareas atrasadas y las pendientes en orden cronológico para ayudarle a organizarse mejor.

To Do - Mi día

Para ayudarle a organizarse, puede hacer clic y arrastrar una tarea encima de otra y asignarles una importancia determinada.

También puede añadir tareas sobre la marcha, utilizando la barra de entrada situada en la parte superior de la pantalla.

- Introduzca el nombre de su tarea (la redacción debe ser clara y concisa).
- Añada una fecha de vencimiento (esencial para organizarse, aunque luego tenga que cambiarla).
- Haga clic en el botón **Agregar**.

Para cada tarea, puede añadir una lista de pasos que se deben completar, una fecha de vencimiento, una repetición, una categoría, un archivo y notas.

También se conservan las fechas de creación, modificación y cambio a estado **Completado**.

La repetición de una tarea significa que cuando se marca como completada, se crea una nueva tarea en la fecha definida por la repetición (el día siguiente, el martes siguiente, el mes siguiente, etc.).

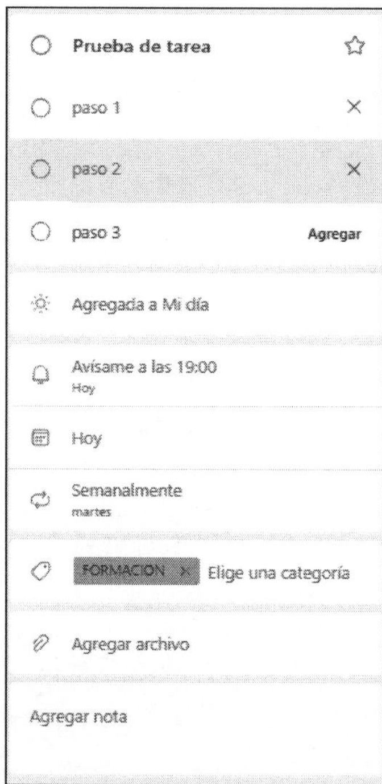

Ejemplo de tarea en To Do

Se puede crear una tarea desde cualquier pestaña excepto desde Correo electrónico marcado, **Completadas** y **Asignadas a mi usuario**.

Importante

La pestaña **Importante** agrupa las tareas en las que ha marcado la estrella al final de la línea. Es el equivalente a sus favoritos. Esta categoría le permite encontrarlas rápidamente.

Planeado

Las tareas planeadas son aquellas que tienen una fecha de vencimiento. La fecha de vencimiento se utiliza para mover las tareas hacia arriba en la pestaña **Mi día**. En la mayoría de los casos, es una buena idea añadir una fecha de vencimiento en la tarea para que no le preocupe olvidarlas.

Todo

Esta categoría le permite encontrar todas las tareas que tiene en curso, agrupadas de forma predeterminada por categoría. Incluso las tareas sin fecha de vencimiento se encuentran aquí.

Completadas

Como su nombre indica, esta categoría le permite encontrar todas las tareas que ha completado. Es especialmente útil para saber cuándo ha enviado una carta certificada o terminado de rellenar un expediente concreto.

Asignadas a mi usuario

Sin entrar en detalles (veremos esta parte en el capítulo dedicado a Teams), esta categoría agrupa las tareas de Planners y Loop que le han sido asignadas personalmente. Estas tareas también se muestran en la categoría **Mi día** si tienen una fecha de vencimiento.

Correo electrónico marcado

Aquí es donde encontramos nuestras banderitas rojas: los correos a los que ha asignado una fecha en Outlook se convierten en tareas en To Do, lo que le permite procesarlos en plazo.

Tareas

Son tareas creadas manualmente, todas las cosas que no dependen de Outlook ni de Planners. Encontrará aquí también las tareas creadas desde conversaciones en Teams (lo veremos más adelante).

Listas personalizadas

Puede crear listas personalizadas además de las ya existentes, para poder clasificar tareas sencillas. Por ejemplo, puede crear una categoría "Memorándum" para las tareas sin fecha que no necesariamente está previsto acabar, una lista "Por hacer" para clasificar las acciones que aún no se han iniciado y una lista "En curso" para las cosas en las que ya está trabajando.

Estas listas personalizadas complementan sus categorías y están diseñadas para aclarar y simplificar.

✎ Para crear una lista personalizada, haga clic en el botón **Nueva lista** situado debajo de las listas predefinidas. El campo se activa. Introduzca un nombre para su lista y pulse ↵ para crearla.

+ Nueva lista

To Do también está disponible a través de Teams, en la aplicación **Planner**. Recientemente actualizada (solo para la parte de Teams), reúne en un solo lugar su lista personal de tareas pendientes (To Do), así como las listas de tareas compartidas, también conocidas como **Planes**, de la aplicación colaborativa Planner (disponible en la Web y a través de Teams).

b. Consejos

Para sacar el máximo partido a su día, aquí tiene un pequeño ritual diario que puede poner en práctica:

- Cuando comience el día, haga balance de lo que viene: lea sus correos electrónicos, añada sus marcadores, clasifique la información que necesita conservar y borre la que no. A continuación, mire su agenda para ver cuánto tiempo puede dedicar hoy a su trabajo personal. Abra después la aplicación "To Do" y priorice las tareas que tenía previstas para el día. Si no le cabe todo, avise inmediatamente a sus contactos de que lo que esperaban de Vd. no lo van a recibir hoy.
- No consulte el correo electrónico hasta la hora de comer. Abra su lista de tareas pendientes solo para marcar una tarea completada y pasar a la siguiente.
- Después de comer, revise de nuevo sus correos electrónicos/agenda/To Do y, de nuevo, avise a sus contactos si no puede entregar un trabajo a tiempo.
- No mire el correo antes de la última media hora.
- La última media hora del día es el momento de hacer repaso: reprograme las tareas pendientes con la agenda delante, consulte los mensajes y planifique la jornada del día siguiente para estar organizado/a.

Tenga en cuenta que las constantes interrupciones restan eficacia. Si tienes que hacer una tarea que requiere cierta concentración, hacer una pausa de 30 a 45 minutos en todo lo demás es mucho más eficaz que interrumpirse y volver a la tarea una y otra vez. Cometerá menos errores y evitará "reiniciar" su cerebro una y otra vez.

C. Encontrar siempre sus elementos

1. OneDrive: su cajón bajo el escritorio

OneDrive es su espacio de almacenamiento personal que, como el resto de su entorno Microsoft 365, está alojado en línea. Sin embargo, este espacio se le asigna a Vd. personalmente.

OneDrive se simboliza por una nube azul:

Logotipo de OneDrive

Está vinculado directamente a su cuenta (dirección de correo electrónico y contraseña). Si Vd. no lo autoriza, nadie puede acceder a su contenido. La mayoría de las licencias incluyen 1 TB de almacenamiento por usuario.

OneDrive le permite:

- encontrar sus archivos en cualquier lugar y desde cualquier dispositivo (ordenador, tableta, móvil);
- almacenar hasta 500 versiones de un mismo documento y referenciar todos los cambios realizados en él. Esto incluye el nombre de la persona que lo modificó, la fecha y hora, y los detalles de las modificaciones;
- restaurar archivos borrados por error (junto con sus distintas versiones e historial de modificaciones) en un plazo de 90 días (por defecto);
- trabajar sin conexión gracias a la sincronización local con OneDrive.

Este espacio de almacenamiento contiene varias categorías. En primer lugar, en la página de inicio, están los archivos que se utilizan más a menudo o más recientes. Pueden ser archivos de Excel, PowerPoint o Word, así como PDF, Power BI, Whiteboards o componentes de Loop (veremos estos dos últimos tipos de archivos en el capítulo dedicado a Teams).

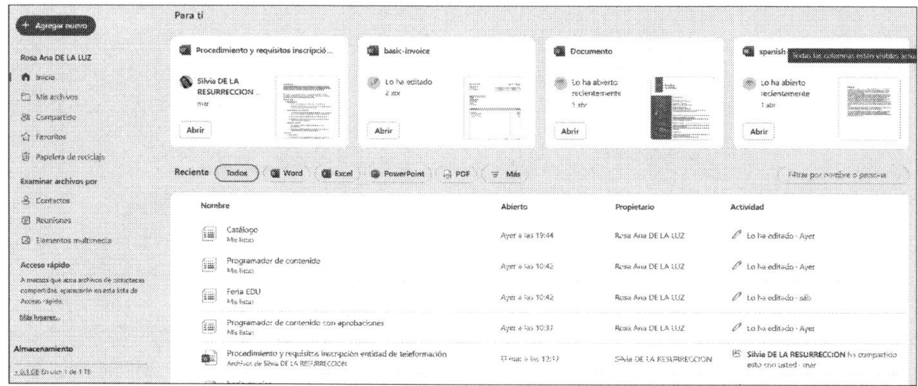

Página de inicio de OneDrive en línea

La segunda categoría en el árbol de OneDrive es sus archivos. Es el equivalente a la estructura de árbol que encuentra en su **Explorador de Archivos de Windows**. Aquí puede crear carpetas y subcarpetas para almacenar sus elementos.

Algunas carpetas se generan automáticamente cuando tienen lugar hechos concretos: creación de una Whiteboard, grabación de una reunión en Teams, creación de notas de reunión a través de Loop, envío de archivos adjuntos en Outlook. No las elimine.

Mis archivos *en OneDrive en línea*

A continuación, hay una pestaña dedicada a los documentos compartidos. Como vimos anteriormente, OneDrive está dedicado a su uso personal. Así que, a través de esta pestaña, puede rastrear exactamente quién le ha dado acceso a sus propios archivos, y con quién ha compartido los suyos, lo que le permite gestionar fácilmente su audiencia en OneDrive. Volveremos a este tema en la siguiente sección.

La siguiente pestaña está dedicada a los archivos que haya identificado como favoritos para permitirle acceder rápidamente a documentos que necesita encontrar de forma rápida.

La pestaña **Papelera de reciclaje** muestra los elementos que ha eliminado de su OneDrive en los últimos 90 días.

Un segundo bloque le permite examinar sus elementos por **Contactos** y por **Reuniones**. Estas opciones son accesos directos que le ayudan a encontrar los elementos compartidos con Vd., ya sea en una reunión concreta o por un contacto determinado. En cualquier caso, son agrupaciones de documentos disponibles en la pestaña **Compartidos/Con Usted**.

Por último, los enlaces de **Acceso rápido** le redirigen a las bibliotecas de SharePoint de los grupos o sitios a los que pertenece.

Puede sincronizar su OneDrive localmente en cualquier momento. Esta sincronización le permite encontrar sus archivos desde el Explorador de archivos de Windows y trabajar sin conexión. Para ello

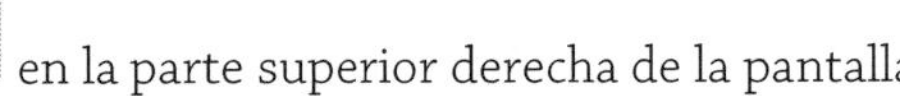

- Haga clic en [icono] en la parte superior derecha de la pantalla.

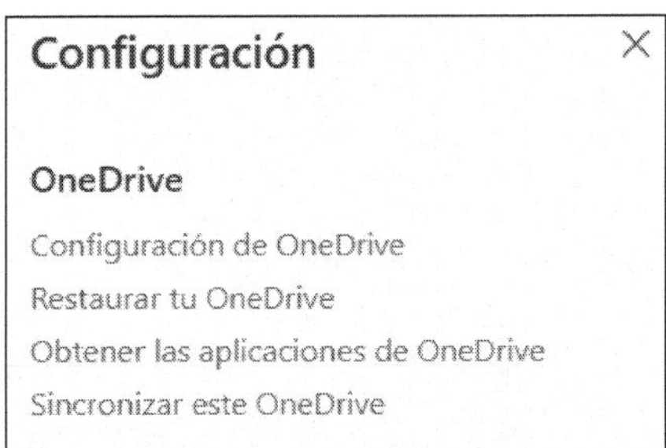

Configuración de OneDrive

- Seleccione **Sincronizar este OneDrive**.
- Es posible que se le pida que permita que el navegador de Internet abra una ventana en su escritorio. Si es así, acepte.

Aparece la pantalla de configuración con su dirección de correo electrónico.

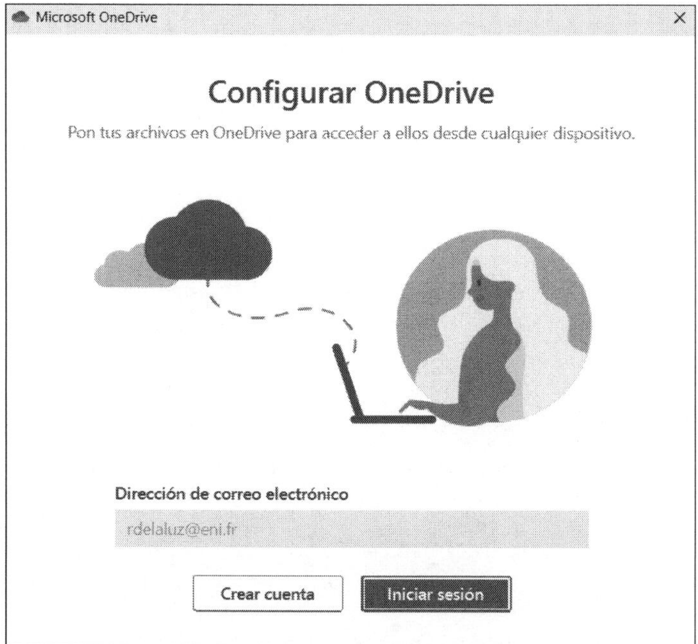

Configurar la sincronización de OneDrive

- Al hacer clic en **Iniciar sesión**, se abrirá una nueva ventana en la que podrá introducir su contraseña. En algunos casos, se le dirigirá a la MFA (autenticación multifactor, como un SMS, una llamada o la aplicación Authentificator).
- Entonces, se le pedirá que seleccione la ubicación en la que desea almacenar su copia local de OneDrive. Se proporciona una ubicación predeterminada.
- A continuación, podrá sincronizar automáticamente sus documentos, imágenes y escritorio en su OneDrive, para garantizar que no se pierda ningún documento almacenado en su ordenador. Los archivos contenidos en estas carpetas antes de la sincronización se añadirán automáticamente a su espacio en la nube.

Una vez sincronizado OneDrive, aparecerá una pequeña nube azul en la barra de tareas (junto a la fecha y la hora). Si su OneDrive personal también está sincronizado con su ordenador, aparecerá también una nube gris. Hay varios indicadores vinculados a estos iconos:

: no se ha podido sincronizar una carpeta o un archivo.

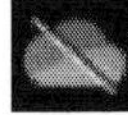: su cuenta no está configurada o no está conectada para la sincronización.

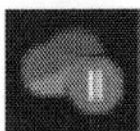: la sincronización está en pausa.

: la sincronización está en curso.

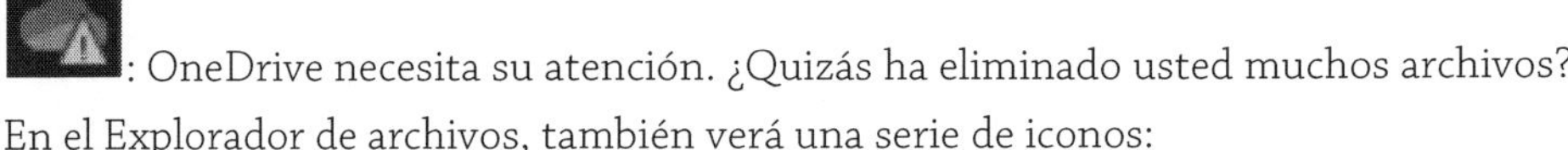: OneDrive necesita su atención. ¿Quizás ha eliminado usted muchos archivos?

En el Explorador de archivos, también verá una serie de iconos:

Archivo o carpeta compartida.

Archivo o carpeta solo disponible en línea. Cuando haga clic en este elemento, se descargará localmente en su ordenador y el icono cambiará. Los elementos con una nube azul no son compatibles con el visor del Explorador de archivos.

El archivo/carpeta se ha descargado en su ordenador. Ahora ocupa espacio en su disco duro y puede utilizarse sin conexión a Internet. Se sincronizará con la nube la próxima vez que se conecte. Por defecto, permanecerá almacenado localmente durante 30 días y solo se volverá a poner en línea si no lo vuelve a utilizar (para más información, consulte el Soporte de Microsoft / Sensor de almacenamiento).

Para conservar una copia local de un archivo durante un tiempo ilimitado, puede hacer clic con el botón derecho del ratón en la carpeta/archivo y seleccionar **Mantener siempre en este dispositivo**. Esto es lo que representa este icono.

Algunos consejos prácticos:

- No almacene todo su espacio OneDrive localmente en su ordenador. Esto simplemente llenaría su disco duro con una copia de todos sus archivos accesibles online.
- Reserve la acción **Mantener siempre en este dispositivo** para los archivos en los que no colabora con otras personas y que necesita incluso sin conexión (por ejemplo sus blocs de notas).

2. Compartir a través de OneDrive

La noción de "compartir" es aquí muy importante.

Desde Outlook, tiene dos formas de "compartir" un archivo: enviar una copia fechada del documento a un usuario (un archivo adjunto) o darle a la otra persona acceso a su archivo (y por tanto a cualquier cambio posterior que le haga). Directamente desde OneDrive, la noción de "compartir" se refiere solo a esta última opción.

- Para compartir un archivo, haga clic con el botón derecho en él y luego en **Compartir**. Si no aparece la opción, haga clic con el botón derecho y, a continuación, haga clic en **OneDrive** y luego en **Compartir**.

Entonces, ¿qué es compartir en el sentido de OneDrive? Es un conjunto de derechos que otorga a sus contactos, y que puede modular a su antojo:

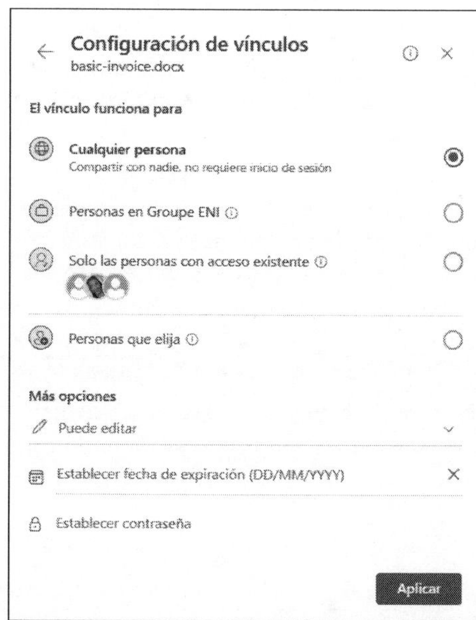

Configuración de uso compartido en OneDrive

- Defina con quién quiere compartir su archivo:
  - **Con cualquier persona** significa que cualquiera que tenga el enlace puede acceder a su archivo. Si esa persona transfiere el enlace, a quien lo transfiera también podrá acceder. Esta opción puede estar prohibida por su organización (el campo aparecerá en gris y no podrá seleccionarla). Solo debe utilizarse para documentos que no contengan datos confidenciales o personales.
  - **Personas en su organización** funciona de la misma manera que **Con cualquier persona**, pero solo para las personas que pertenecen a su organización (es decir, cuya dirección de correo electrónico termina como la suya después de la arroba: @midomilio.es, @empresa.com, etc.). Para abrirlo, su interlocutor deberá identificarse con una dirección de correo electrónico de su organización.
  - **Solo las personas con acceso existente** es útil cuando quiere cambiar el nivel de derechos de todas las personas con las que ya ha compartido el archivo, o enviarles de nuevo el enlace. Volveremos a ver este tema más adelante.
  - **Personas que elija** significa que da acceso nominativo al archivo a personas o grupos específicos a través de su dirección de correo electrónico. Para acceder al archivo, tendrán que autentificarse.
- Si ha elegido **Con cualquier persona**, puede definir:
  - La fecha de expiración: la fecha a partir de la cual se cortará automáticamente el acceso al archivo. Esto es especialmente útil, ya que limitará automáticamente el número de personas a las que se ha transferido el enlace.
  - Una contraseña para bloquear el acceso al archivo si no conoce a todas las personas que necesitarán acceder a él. Sin embargo, no envíe la contraseña en el mismo correo electrónico que el enlace, ya que perdería todo su sentido.
- A continuación, defina los derechos de acceso al archivo:

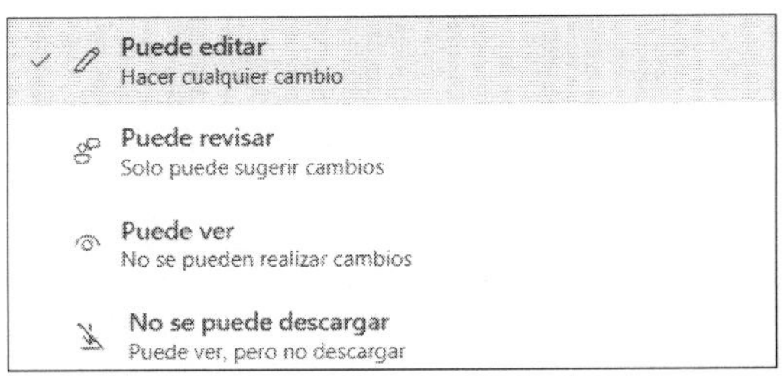

Opciones de uso compartido

De nuevo, para todas estas opciones, su usuario tendrá acceso a su archivo cuando se lo comparta y a todas las modificaciones posteriores. Podrá o solo verlo (**Puede ver**), o sugerir mejoras (recomendado en OneDrive) (**Puede revisar**), o le podrá dar derechos para modificar su archivo (**Puede editar**) (para tener más información sobre la colaboración en la nube, vea el capítulo de Microsoft 365, Coordinador de colaboración - Objetivo cero correo interno - Bibliotecas (SharePoint)).

- También puede optar porque **No se puede descargar los archivos**. Esto significa que su interlocutor no podrá descargar sus documentos a su ordenador y generar así una nueva versión de su archivo. Esta opción solo está disponible para los archivos que comparta en modo de solo lectura y no permite abrir el documento en una aplicación de escritorio, sino que el interlocutor es redirigido a una página web.

Como OneDrive es una aplicación de almacenamiento personal, la gestión del uso compartido se facilita para poder gestionar el acceso a sus archivos de forma sencilla.

En la versión web, a la izquierda de la pantalla, encontrará una pestaña llamada **Compartido**. Esta pestaña se divide en dos categorías: archivos compartidos **Con usted** por otros usuarios (por ejemplo en reuniones, por correo electrónico, a través de enlaces o en una conversación de Teams), y archivos compartidos **Por usted**.

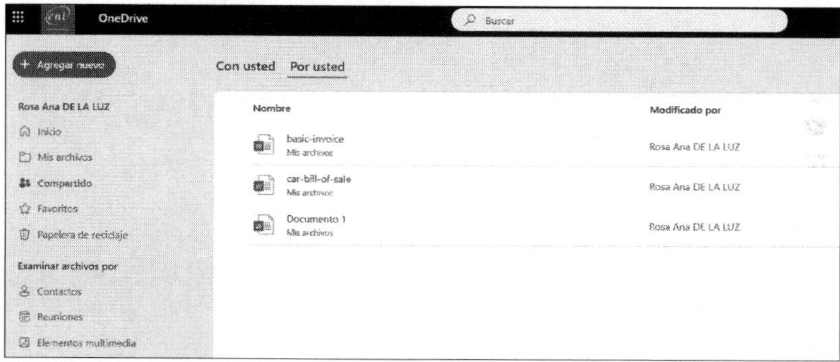

Esta última categoría reúne todos los archivos/carpetas que ha compartido al menos una vez y a los que tienen acceso otros usuarios aparte de Vd., independientemente del tipo de acceso.

Para gestionar el acceso:

- A la derecha del nombre del archivo del que desea consultar/gestionar el acceso, haga clic en el botón ••• .
- A continuación, seleccione **Administrar acceso**.

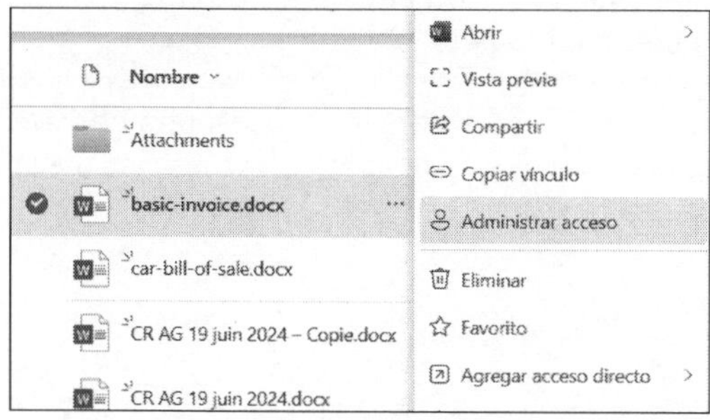

La ventana muestra los tres tipos de compartición:

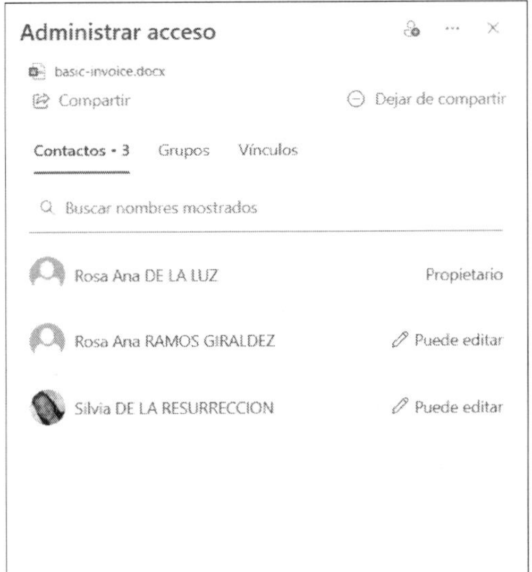

Contactos: lista las personas que tienen acceso directo a su archivo. Forman parte de su organización y encontrarán su archivo en la pestaña **Compartido/Con usted** de su espacio OneDrive en la web. Haciendo clic en una persona, puede cambiar o eliminar sus derechos sobre el archivo.

Grupos: son grupos en el sentido del término de Microsoft 365 (una entidad de varias personas con una dirección de correo electrónico común, como por ejemplo un equipo de Teams). Atención: cuando comparte un archivo con un grupo, se crea un enlace para compartirlo con **Cualquier persona**. En otras palabras, si un miembro del grupo transfiere su enlace a una parte externa, la otra parte tendrá el mismo acceso que los miembros del grupo. Por lo tanto, tenga cuidado.

Vínculos: están destinados a personas ajenas a su organización. Esto se aplica a enlaces directos que corresponden a la opción **Personas que elija** fuera de su organización, pero también **Cualquier persona**. Las personas con acceso directo a su archivo lo verán en la pestaña **Compartido con usted** a través de OneDrive para la Web, mientras que las personas con un enlace no verán los documentos correspondientes en su espacio OneDrive. Además, un enlace puede volver a compartirse, lo que no ocurre con el acceso directo.

3. ¡Cuidado por la espalda!

Sus datos no están (solo) en su PC

Como sus datos se almacenan "en la nube", realmente no están en su PC, lo que significa que si su PC se pierde, se rompe o se estropea, no perderá ninguno de sus archivos.

Sin embargo, hay una excepción: cuando sincroniza sus archivos localmente con OneDrive para escritorio, los archivos que quiere que estén siempre disponibles sin conexión y los archivos abiertos recientemente desde aplicaciones de escritorio (y que por tanto ha descargado) también existen localmente en el disco duro de su ordenador, como una copia. Por eso puede trabajar en ellos sin estar necesariamente conectado/a a Internet. Las actualizaciones realizadas sin conexión se copiarán en la nube la próxima vez que se conecte a Internet.

Sin borrado accidental de archivos...

Por defecto, la papelera de reciclaje de OneDrive conserva sus archivos eliminados y todas sus versiones durante 90 días antes de eliminarlos definitivamente. Sin Vd. no hace nada, sus archivos eliminados pasan por la papelera de reciclaje principal y luego por la papelera de reciclaje secundaria antes de desaparecer. Así que tiene tiempo de sobra para encontrar sus archivos borrados por error antes de perderlos definitivamente.

... ni de datos

El uso de OneDrive en lugar del almacenamiento local (en su disco duro) le permite guardar versiones intermedias y finales de sus archivos. Cada versión se puede ver y/o restaurar.

Pongamos un ejemplo:

Ha guardado cambios cinco veces en un archivo Excel. Por lo tanto, tiene seis versiones de su archivo:

- V1 - Original
- V2 - Primera modificación
- V3 - Otros cambios
- V4 - Otros cambios
- V5 - Otros cambios
- V6 - Otros cambios

En V4, ha borrado por error una línea añadida en V3. Vd. puede:

- mostrar V3
- copiar la línea eliminada
- y volver a insertarla en el archivo.

A continuación, crea una V7.

Después de todo esta V7 no le convence y quiere deshacer todos sus cambios. Puede restaurar la V6, lo que creará una V8 de su archivo, con todos los elementos de la V6 pero ninguno de la V7.

- Para ver el historial de sus cambios, en la pestaña **Mis Archivos**, pase el ratón por encima del archivo que desea modificar, haga clic en el botón ••• y luego en **Historial de versiones**.

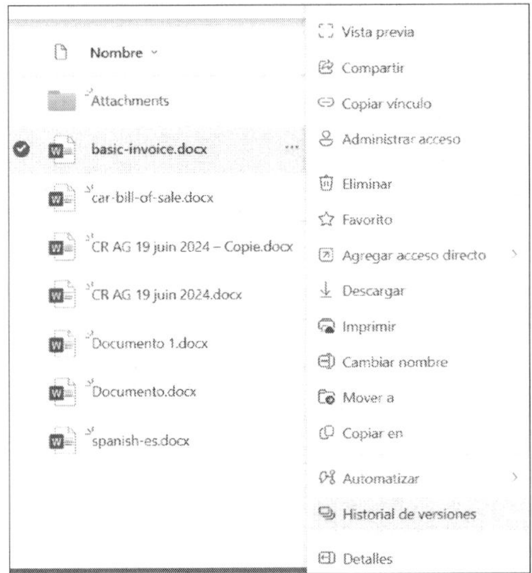

Esta acción hará que se abra una ventana emergente que mostrará todas las versiones existentes para un archivo, la fecha y hora de guardado, el tamaño y la persona que generó esta versión.

Desde esta ventana emergente, puede actuar sobre las versiones como hemos visto antes (visualizar una versión anterior, restaurarla o eliminarla).

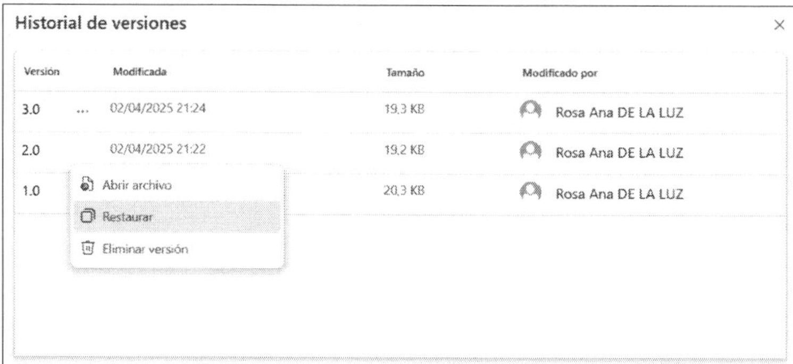

De hecho, una vez guardadas sus versiones, permanecerán así hasta 500 versiones diferentes del mismo archivo (por defecto). Cada versión creada es única y permanecerá en su lugar con su propio número único. Cuando llegue a la versión 501, la V1 se borrará automáticamente.

✎ Para ver el historial de versiones en OneDrive, seleccione la pestaña **Mis Archivos**:

✎ Pase el ratón por encima de un archivo, haga clic en el botón ••• y, a continuación, en **Historial de versiones**.

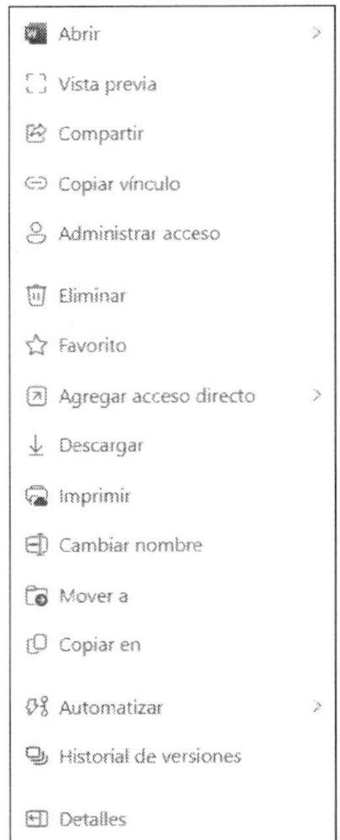

Historial de versiones

Versión	Modificada	Tamaño	Modificado por
3.0	02/04/2025 21:24	19.3 KB	Rosa Ana DE LA LUZ
2.0	02/04/2025 21:22	19.2 KB	Rosa Ana DE LA LUZ
1.0	01/04/2025 22:17	20.3 KB	Rosa Ana DE LA LUZ

Salida de un usuario

Si un empleado se marcha, su espacio OneDrive puede restaurarse durante 30 días antes de que se elimine definitivamente. Dependiendo de los procesos de su empresa, se puede abrir al responsable directo del empleado si es necesario, si hubiera archivos importantes almacenados, aunque la cuenta se esté eliminando.

Se acabó la pérdida de datos porque se han guardado en un ordenador reconfigurado.

La estructura del árbol

Hace cuarenta años, para encontrar un documento en papel, había que archivarlo en el lugar adecuado (en la sala adecuada, el armario adecuado, la estantería adecuada, la carpeta adecuada y el separador adecuado).

Si trasladamos este hábito al almacenamiento virtual (ya sea en la nube o en local), acabamos con una estructura de árbol de seis niveles:

- la sala;
- el armario;
- la estantería;
- la carpeta;
- el separador;
- el documento.

Cada uno de estos niveles se identifica por su propio nombre. El nombre de la sala es la ubicación del documento (en la nube si empieza por https://, en el ordenador si empieza por una letra seguida de los caracteres :\. Por lo general, un ordenador es capaz de leer rutas de archivos de hasta 260 caracteres. Algunas partes de esta ruta no dependen de usted: el inicio de la ruta de acceso está formado por el nombre del volumen de almacenamiento local y la ruta a su espacio.

Ejemplo: C:\usuarios\rosanadelaluz\

Así que recuerde limitar tanto la longitud del nombre de sus carpetas y subcarpetas como la de su archivo, sin olvidar que las extensiones de archivo (.pdf, .xlsx...) están incluidas en los 260 caracteres.

Una ruta demasiado larga provocará errores de sincronización.

Si se encuentra con este error, corrija el nombre del documento y su ubicación en la versión online de OneDrive para solucionarlo (la longitud máxima de una URL es de 2083 caracteres, por lo que no debería tener problemas).

Aunque esto sucediera, no significa que sus archivos se pierdan. Tanto en la versión web como en la versión local a través del Explorador de archivos, las barras de búsqueda le permiten encontrarlos eficazmente.

Para facilitar aún más la búsqueda, puede adoptar una convención de nomenclatura (¡que sea breve!).

D. Conclusión

En este capítulo hemos visto todas las herramientas que necesita para gestionar su tiempo y su trabajo personal, para facilitarle el día a día.

Utilícelo como guía para explicar las posibilidades que ofrecen las herramientas y aproveche lo que le parezca más adecuado.

¿Está acostumbrado/a a utilizar un árbol de carpetas grande en su bandeja de entrada de correo electrónico, pero no le lleva mucho tiempo buscar un documento? Entonces no hace falta que cambie su forma de trabajar.

Por otra parte, ¿acaba siempre utilizando la barra de búsqueda para encontrar los mensajes archivados? Entonces deje de perder el tiempo archivando y vaya directamente a ella.

Algunas costumbre serán fáciles de adoptar, otras le llevarán un poco más de tiempo. Estoy pensando en particular en To Do, una herramienta potente pero totalmente desconocida para muchos. Sea paciente, escúchese a Vd. mismo/a y tómese su tiempo para probar realmente las funciones antes de decidir que tal o cual aplicación no es para Vd.

Capítulo 3

Microsoft 365, el coordinador de la colaboración

A. Teams: el canal adecuado

1. La ambición de Microsoft

Para Microsoft, Teams es una herramienta de colaboración. A diferencia del correo electrónico, que deja constancia de una situación, Teams refleja la inmediatez. Para responder a esta necesidad, dispone de varios canales de conversación:

- conversaciones 1 a 1: entre dos personas;
- conversaciones 1 a N: conversaciones en grupo;
- los equipos y sus canales para organizar la colaboración;
- la voz;
- la videoconferencia y sus derivados (asambleas generales, webinars, etc.).

En este capítulo veremos cómo diferenciar entre los distintos canales de comunicación que ofrece Teams y cómo sacarles el máximo partido para una colaboración fluida.

2. ¿Equipo o conversación en grupo?

Teams (como su nombre indica) trata de la colaboración. Para colaborar a través de Teams, existen dos modelos: el equipo y la conversación en grupo.

En primer lugar, ¿qué es un equipo? Como mínimo, un equipo consta de un canal general, una pestaña de conversación, una biblioteca de archivos y una pestaña para tomar notas (un bloc de notas de OneNote).

Cada equipo está formado por propietarios (que gestionan el equipo desde un punto de vista técnico) y miembros.

Hay tres tipos de equipo:

- El equipo **Para toda la organización**, que incluye automáticamente a todos los miembros de su entorno, tanto actuales como futuros.
- El equipo **Público**, al que puede unirse previa solicitud (como un grupo abierto en Facebook o LinkedIn).

- El equipo **Privado** al que debe haber sido invitado/a o autorizado/a a participar.

Cuando se crea un equipo, se genera automáticamente un sitio SharePoint donde se almacenarán todos los archivos que los miembros del equipo intercambien a través de Teams. Los permisos predeterminados para este sitio siguen el modelo de su equipo: solo los miembros del equipo y los propietarios tienen acceso al sitio de SharePoint.

Cuando se utiliza un sitio de equipo, no es aconsejable cambiar los derechos de acceso por defecto. El hecho de que el acceso se base en los miembros de su equipo hace que la administración del sitio sea completamente transparente para usted.

Cada uno de los canales que cree posteriormente generará automáticamente una subcarpeta nueva en su biblioteca de documentos y una nueva pestaña en su bloc de notas de OneNote, de modo que la estructura de árbol de su sitio coincida con la de su equipo.

Los canales sirven para separar los temas principales: proyectos, temas, subdepartamentos, etc. Son especialmente útiles porque establecen la estructura en forma de árbol de su sitio SharePoint. Así, aunque todos los miembros del equipo pueden ver los canales, cada miembro puede decidir qué temas quiere seguir ajustando las notificaciones que recibe.

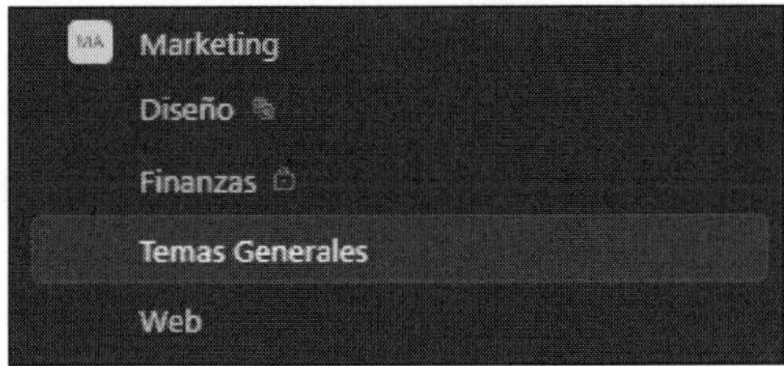

El equipo de Marketing tiene cuatro canales; el canal de Finanzas es privado, el canal Diseño es compartido.

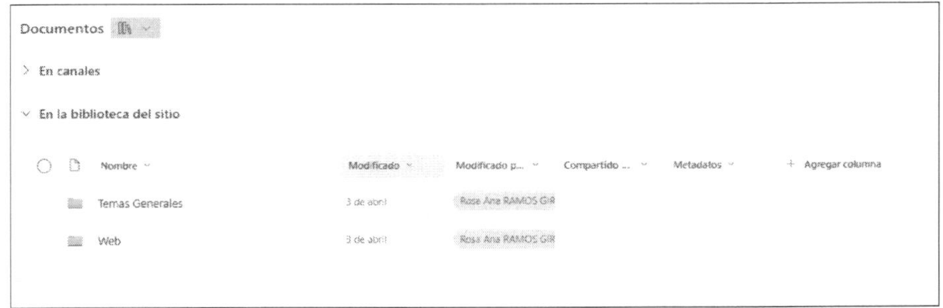

Ejemplo de un equipo Teams, sus canales y su biblioteca SharePoint

Puede añadir tres tipos de canales a sus equipos:

- Los canales estándar están abiertos a todos los miembros de su equipo. Su creación genera una nueva carpeta en su biblioteca de SharePoint y una nueva pestaña en su OneNote de equipo. Todas las aplicaciones de canal de Teams son compatibles con estos canales. Es el tipo que debemos elegir preferentemente.

Los nombres de canales estándar no van seguidos de ningún icono específico

- Los canales **privados** le permiten autorizar a determinados miembros de su equipo a unirse a ellos. Al crear un canal privado se crea un sitio SharePoint independiente con derechos basados en los del canal, no en los del equipo. Son invisibles para los miembros que no han sido añadidos a ellos y no son compatibles con todas las aplicaciones de Teams (por ejemplo, es imposible añadirles las aplicaciones Planner y To Do). En un equipo no debería haber más de uno o dos canales privados; de lo contrario, debería plantearte la conveniencia de crear otro equipo.

Los canales privados se simbolizan con un candado cerrado

- Los canales **compartidos** pertenecen a la misma categoría que los canales privados: solo pueden acceder a ellos los miembros de su equipo que Vd. elija, su creación genera un sitio SharePoint independiente y solo algunas aplicaciones de canal de Teams son compatibles con ellos. La diferencia con los canales privados es que aquí puede invitar a colaborar a personas que no forman parte de su equipo, o incluso de su organización (con ciertas condiciones, como veremos en el próximo capítulo). Esto puede ser útil si necesita compartir información, por ejemplo de forma transversal.

Los canales compartidos se simbolizan mediante dos eslabones entrelazados

Así, los equipos y sus canales permiten organizar eficazmente la información y colaborar mediante una serie de herramientas entre las que están las conversaciones de canal (que se muestran en la parte derecha de la pantalla al hacer clic en un canal).

Estas conversaciones se organizan como en cualquier red social: una persona puede enviar una publicación o un anuncio en la pestaña **Publicaciones**.

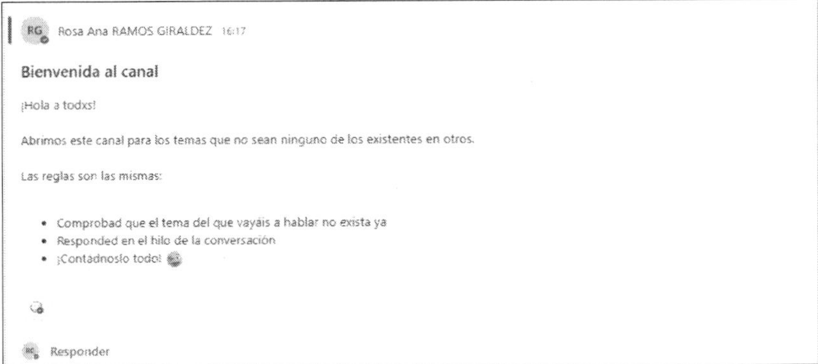

Ejemplo de publicación

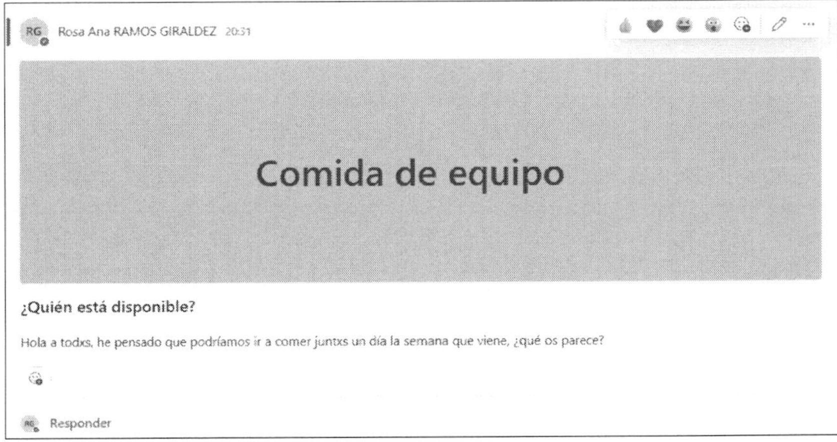

Ejemplo de anuncio (publicación con título y subtítulo)

Hay dos tipos de publicaciones: las manuales, que usted publica, y las automáticas, cuando añade una pestaña, cita o una aplicación a su equipo.

El resto de miembros del canal pueden responder a estos dos tipos de publicación, que representan temas de conversación.

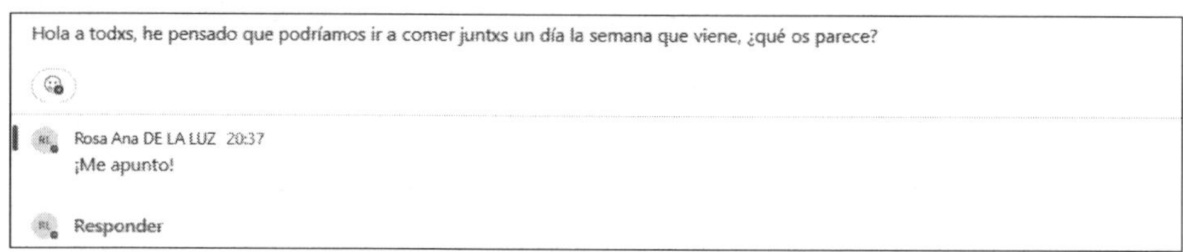

Ejemplo de respuesta a una publicación. El botón ***Responder*** *siempre está disponible en la parte inferior del hilo*

Esto ayuda a estructurar los temas. Si un tema le interesa, puedes decidir seguirlo, igual que en un blog.

✎ Para ello, compruebe la configuración de las notificaciones del canal: haga clic en el botón a la derecha de la etiqueta del canal y, a continuación, en **Notificaciones del canal**.

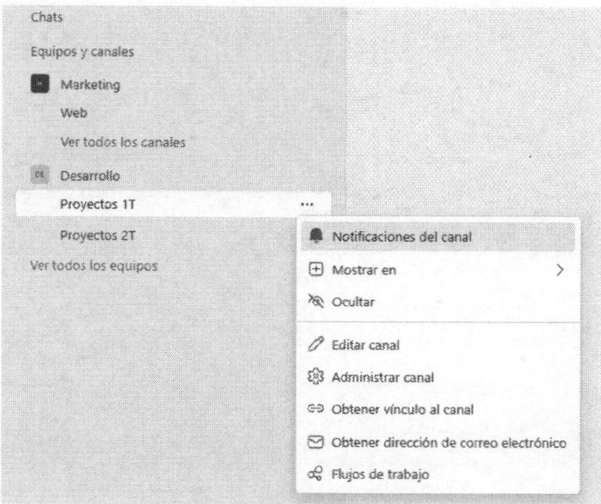

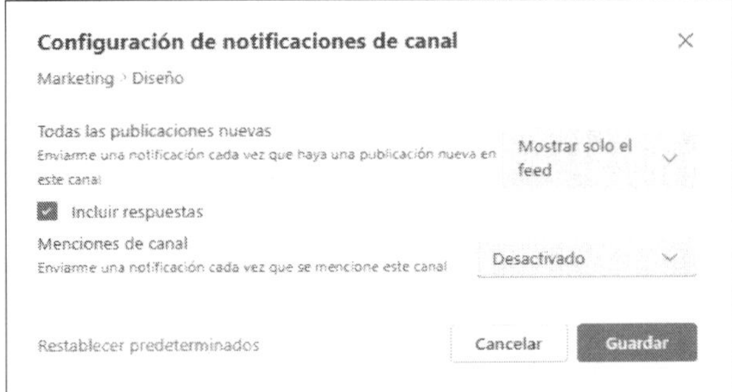

Puede adaptar las notificaciones a sus necesidades: hacerlas visibles solo en el feed de notificaciones, recibir una alerta en el escritorio, activar las notificaciones para las respuestas o solo para los mensajes nuevos.

Al escribir un mensaje en un canal, puede añadir herramientas de colaboración (a través del menú inferior):

- encuestas: pulsando en el botón ＋ y después en **Polls**:

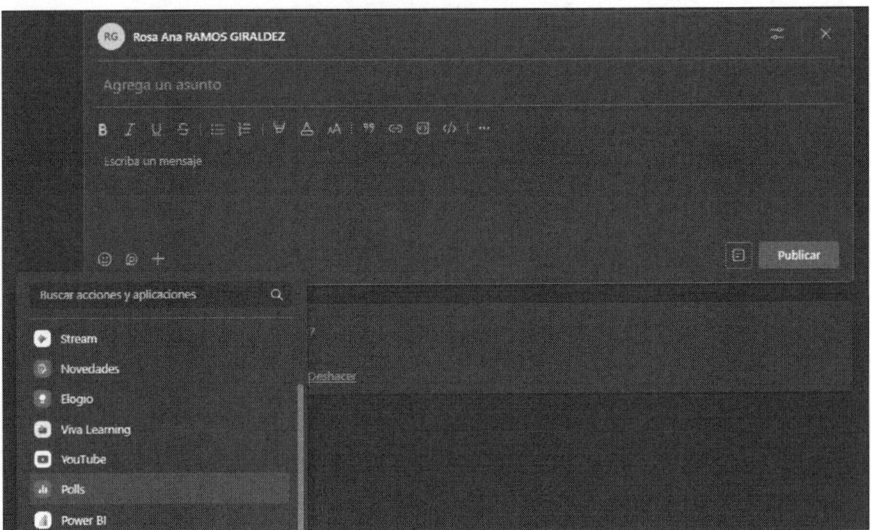

- componentes colaborativos de Microsoft Loop haciendo clic en el botón :

- o adjuntar archivos pulsando en el botón y luego en **Adjuntar archivo**:

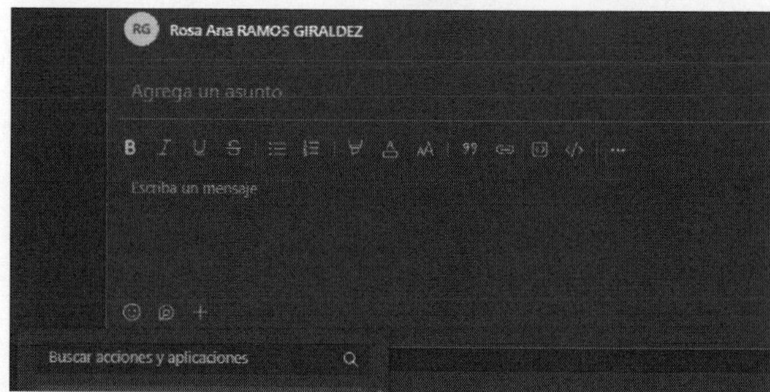

En la configuración de notificaciones de Teams, puede hacer ajustes a nivel global o, de forma más detallada, haciendo clic en el eslabón. También es posible modificar los ajustes de notificación directamente en la pestaña **Equipos y canales**haciendo clic en el botón ••• situado junto al nombre de un canal o en la esquina superior derecha de una publicación.

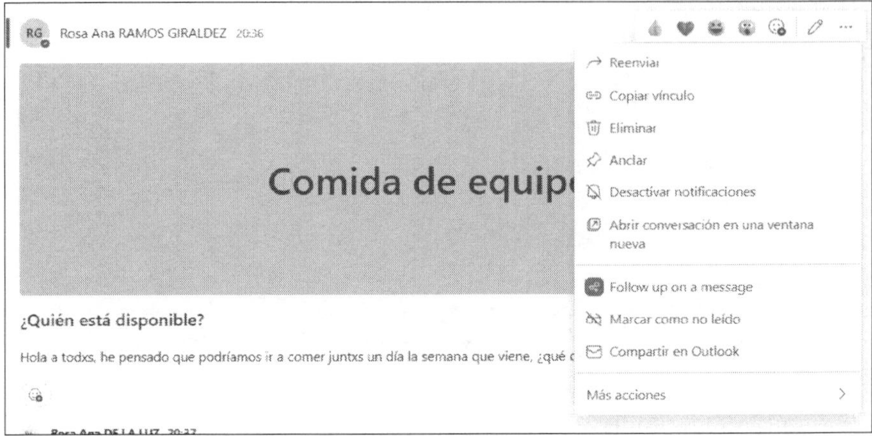

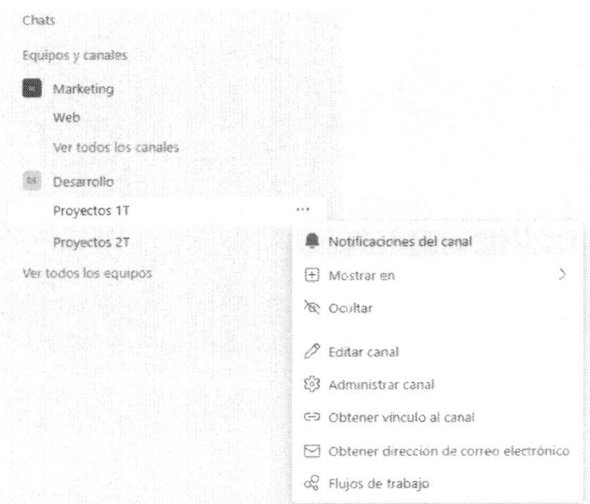

Los equipos están destinados a colaboraciones a medio y largo plazo, sobre temas que requieren una organización avanzada de los archivos, la estructuración de la conversación y herramientas adicionales para gestionar el tiempo, el personal, los datos, etc.

Por el contrario, las conversaciones en grupo son ideales para temas con un plazo más corto o un tema más fluido. En una conversación, un tema pasa a otro, empujándolo hacia arriba en el flujo de la conversación. Por tanto, el objetivo de un mensaje publicado en una conversación de grupo es ser leído rápidamente y tener algunas respuestas.

Es preferible limitar el número de participantes en una conversación de grupo para que los mensajes enviados a la parte superior del hilo de la conversación no desaparezcan demasiado pronto.

Por otra parte, esta elección permite intercambios más fluidos.

Además, una conversación en grupo, a diferencia de una conversación en equipo, no implica la creación de un sitio SharePoint dedicado. En realidad, los documentos intercambiados en esta conversación se alojan en el espacio OneDrive de las personas que los han publicado y compartido con el resto del grupo.

Sin embargo, las dos opciones (conversación en equipo y conversación en grupo) ofrecen la posibilidad de añadir aplicaciones complementarias para facilitar la colaboración en equipo.

Como habrá podido imaginar, lo que marcará la diferencia entre una conversación de equipo y una de grupo es el tema que se trata. Aquí algunas de las preguntas que debe hacerse:

- ¿Se trata de un proyecto a corto o a largo plazo?
- ¿Tendré que organizar una gran cantidad de información y archivos?
- ¿Necesito hablar con mis compañeros de inmediato, o sobre temas en profundidad?
- ¿Necesito separar temas específicos (grupos de trabajo, metas)?

Según sus necesidades, elegirá una u otra solución. Para ayudarle, aquí tiene una tabla comparativa con las características y puntos fuertes de estas opciones.

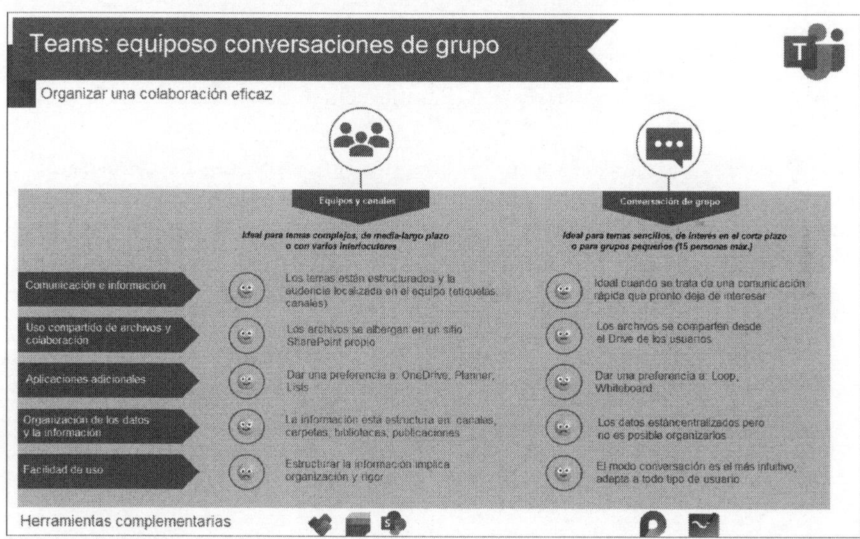

En cualquier caso, estas dos soluciones son colaborativas; tanto el propósito de un equipo como el de una conversación en grupo, es trabajar juntos en un tema de forma activa. En algunos casos, como los proyectos, su duración es por tanto limitada.

Cuando una colaboración termina, es importante cerrar el canal de colaboración. Los archivos importantes se almacenarán en otro lugar en modo de solo lectura (por ejemplo en un sitio de SharePoint exclusivo para el archivado, durante un periodo determinado antes de ser eliminados). En la medida de lo posible, recuerde comprimir los elementos más pesados (vídeos, fotos, PowerPoint, etc.). Los archivos de trabajo, las sesiones de brainstorming, las agendas y otras aplicaciones colaborativas se eliminarán, al igual que la conversación o el equipo.

- Para eliminar un equipo y todos sus canales, debe ser el propietario del equipo. Haga clic con el botón derecho del ratón en el nombre del equipo y después haga clic en **Eliminar equipo**.

Nota: al eliminar el equipo no se elimina el sitio SharePoint asociado. Para eliminarlo, vaya a su sitio, haga clic en el icono de la esquina superior derecha, luego en **Información del sitio** y en **Eliminar sitio**.

El responsable de informática puede recuperar los sitios de SharePoint, Teams y grupos de Microsoft 365 eliminados en los últimos 30 días (por defecto). Esto incluye todo el contenido, la configuración y los mensajes que se hayan intercambiado.

Las herramientas añadidas a su equipo (Planner, OneNote...) vinculadas a su sitio también desaparecerán.

Tenga en cuenta que eliminar un equipo significa eliminar todos los canales, así como el sitio de SharePoint vinculado y su contenido, y el grupo de Microsoft 365 asociado y su correo electrónico. Una estrategia de retención de 30 días permite restaurar un equipo eliminado por error.

De nuevo, sus datos están alojados en servidores dedicados que permiten que estén disponibles permanentemente, lo que tiene un impacto ecológico significativo. Por tanto, es crucial, tanto desde un punto de vista ecológico como económico (ya que el espacio de almacenamiento asignado es limitado), conservar únicamente los datos que tengan una importancia real y mesurable.

3. Comunicación a través de Teams

a. Videollamada y voz

Microsoft Teams ofrece un servicio de videollamada. Con cita previa o de forma espontánea, puede llamar a sus compañeros, con o sin cámara, para mantener una conversación cara a cara entre dos o más personas.

Puede acceder a estos servicios de distintas formas:

- Desde la parte superior derecha de una conversación

- Desde la parte superior derecha de un canal en un equipo

- O desde el botón dedicado (**Llamadas**) en el panel lateral izquierdo de la ventana Teams.

Antes de iniciar una llamada (de voz o vídeo), es aconsejable preguntar a la persona con la que va a hablar si está disponible. Es como llamar a la puerta antes de entrar. Tenga en cuenta que no puede ver a la persona a la que llama. Probablemente ya esté ocupada en el momento en que quiere hablar con ella (nadie espera todo el día sin hacer nada hasta que le llame). El indicador de presencia también puede dar una idea de la disponibilidad de su contacto (consulte el capítulo Microsoft 365, su asistente personal: "Hola Maite, ¿estás disponible? - Estado de disponibilidad en Teams).

También es posible programar llamadas. Desde Outlook, puede generar una reunión de Teams o también puede acceder a su calendario de reuniones directamente desde Teams, lo que facilita la búsqueda de sus reuniones del día. Desde su calendario de Teams, cada una de sus reuniones tiene un enlace de videoconferencia integrado por defecto. La persona que programa la reunión es la propietaria de la misma, incluso si se envía desde un calendario compartido o de un canal. Para organizar una reunión, necesita una licencia de Teams, que los calendarios compartidos no tienen.

Esta noción de propiedad es importante, ya que los parámetros de la reunión solo pueden ser determinados por el/la propietario/a (organizador/a) de la reunión y sus coorganizadores/as.

Algunos de lLos parámetros disponibles son:

- la posibilidad de evitar la sala de espera;
- la señal sonora cuando un participante llega o abandona la reunión;
- la posibilidad de que los participantes compartan su pantalla;
- disponibilidad de chat después de la reunión.

Hay dos formas de cambiar la configuración o añadir coorganizadores a sus reuniones:

- a través de Outlook:

Abra la cita en su agenda.

En el cuerpo del mensaje, haga clic en Reunión de Teams.

Esto creará el enlace a la reunión y generará sus opciones.

- vía Teams:

✎ Abra la reunión desde el calendario de Teams.

✎ Haga clic en **Más opciones**.

Esto le redirige a la página de gestión de opciones de reunión.

Desde Teams, cuando va a los detalles de su reunión, tiene acceso a varios elementos.

Antes de su cita, puede:

- configuración de las opciones de reunión;

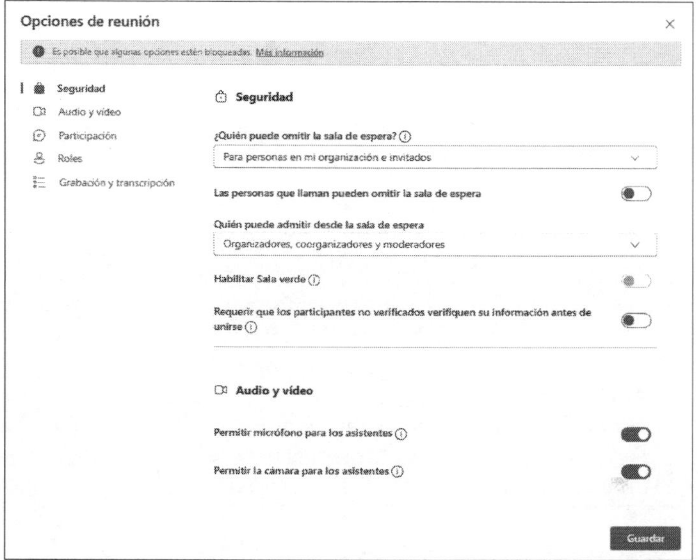

Ajustando las opciones puede planificar cómo interactuará su público con Vd. durante y después del evento. ¿Pueden compartir su pantalla? ¿Utilizar el chat, el vídeo o el audio? ¿Pueden reaccionar? ¿Solo se permite presentar a determinados invitados? Es preferible seleccionar todos estos parámetros antes de la reunión.

- prepare el orden del día de su reunión utilizando notas de reunión;

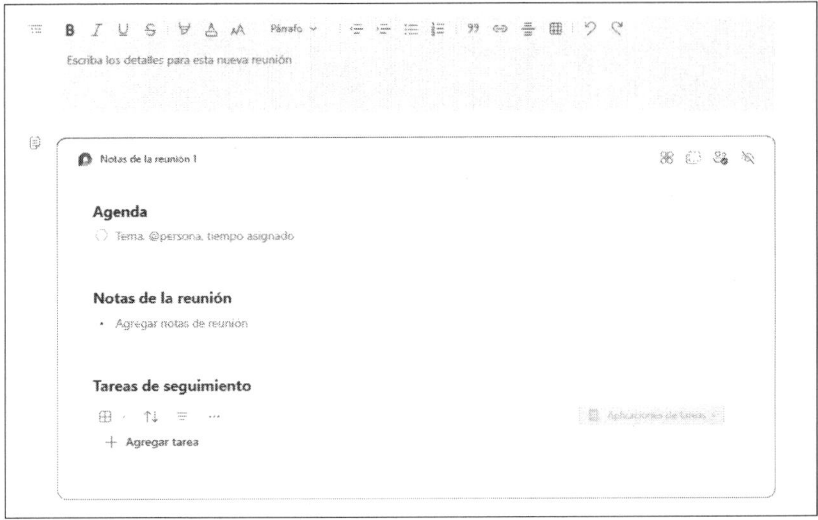

Las notas de reunión son una integración de la herramienta Loop en Teams. Son un componente de Loop, accesible a cualquier persona (interna en el momento de escribir estas líneas) invitada a la reunión. El orden del día es colaborativo: todos los invitados pueden añadir puntos para tratar durante la reunión. Esta buena práctica hace que sus reuniones sean más eficaces. Es una opción disponible por defecto en su calendario de Teams, en su agenda de reuniones de Teams y (quizás ya en el momento de leer esto) en su calendario de Outlook que se encuentra en el bloque de escritura, bajo el título **Agregar notas de la reunión**. También está disponible durante la propia reunión, bajo el icono **Notas**.

- añada las aplicaciones que necesite para llevar a cabo su reunión de la mejor forma haciendo clic en el botón ⊞;

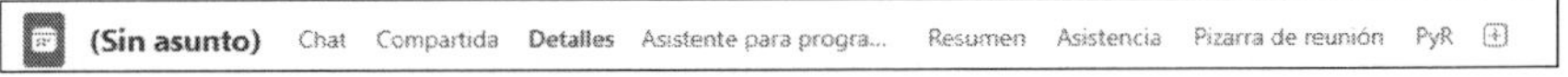

Por ejemplo, puede añadir herramientas de reunión como Klaxoon. Polls (para crear sondeos y encuestas de satisfacción durante la reunión) y Whiteboard (para tomar notas de forma colaborativa y totalmente gratuita: post-its, tablas, formas, etc.) están disponibles por defecto para sus reuniones.

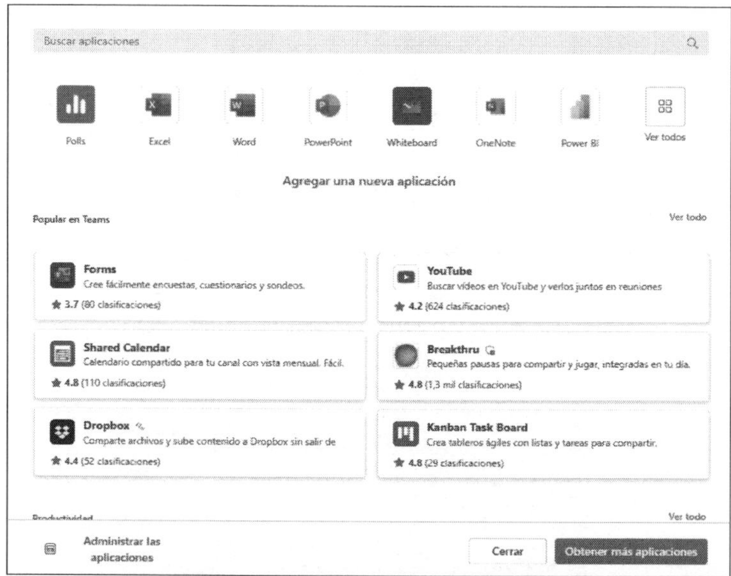

Pedir a los participantes que se inscriban, para reunir la información que necesite para su reunión (particularmente en el caso de webinars, esta opción le permite precisar una necesidad y conocer a qué se dedican los participantes, para que pueda prepararse mejor).

El formulario de inscripción puede personalizarse y su uso se reflejará en el informe de asistencia (las respuestas solo serán visibles para el organizador u organizadores).

Durante la reunión, puede:

- Grabar la reunión o activar la transcripción:

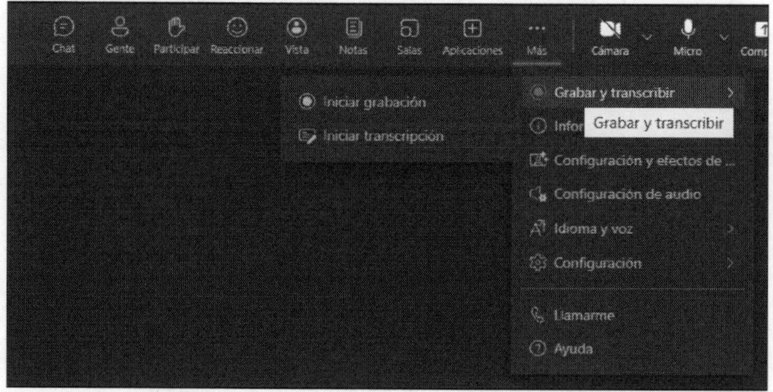

Esto le permite conservar una grabación de vídeo y/o una transcripción de la reunión. Los elementos grabados se almacenan en el espacio OneDrive del propietario/a de la reunión y se ponen a disposición de los participantes invitados. Cuando se activa la grabación y/o la transcripción, se muestra un banner informativo para todos los participantes.

- Presente su pantalla:

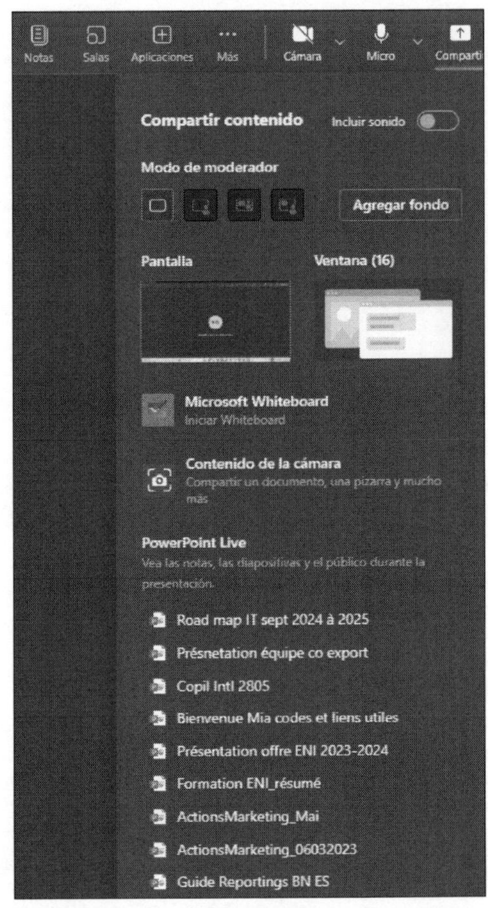

Puede presentar toda su pantalla (si necesita navegar entre varias ventanas), una ventana (por ejemplo, su navegador de Internet y todas sus pestañas, lo que le permite utilizar otras herramientas sin mostrarlas) o una pestaña de su navegador (para que, haga lo que haga en su ordenador, su audiencia solo vea la pestaña que ha seleccionado), con o sin sonido del sistema. También puede utilizar una de las integraciones nativas de Teams: Whiteboard, que le permite colaborar en directo en una pizarra para, por ejemplo, una lluvia de ideas; PowerPoint Live, que le permite presentar un archivo PowerPoint mientras accede a sus notas de presentación y a herramientas como el resaltador, el lápiz o el puntero; Excel Live, que permite a los participantes interactuar en directo con usted en el archivo Excel compartido en la pantalla.

- Cambiar la disposición de las miniaturas:

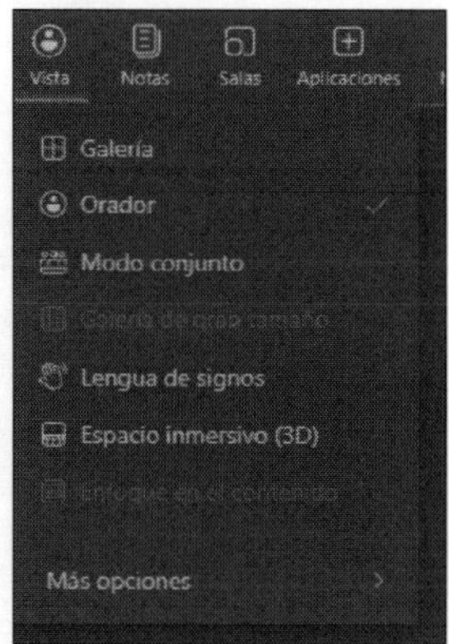

Puede elegir cuántas miniaturas que representan a cada participante quiere que aparezcan en pantalla (cuatro o nueve en la versión web), cómo quiere que se muestren, si quiere resaltar una (para, por ejemplo, que todo el mundo pueda ver al orador) o recortarla, haciendo clic con el botón derecho en ella.

También puede configurar el Modo conjunto, que integra a sus compañeros en un fondo de pantalla único (sala de reuniones, sala de conferencias) para dar la impresión de que están todos en el mismo sitio.

- Participe en el chat y/o en las preguntas y respuestas:

Dependiendo de la configuración de la reunión, puede que haya activado o no las opciones de conversación y PyR. Estas opciones permiten a los participantes comunicarse entre sí (conversación) y compartir sus preguntas con los presentadores (PyR), con botones de votación para destacar las preguntas más importantes.

La conversación funciona como un chat, mientras que PyR lo hace en modo Publicación, como en los canales de Teams. La conversación es preferible para los mensajes instantáneos que no requieren comentarios ("no veo la pantalla", "gracias, tengo que irme"), mientras que las preguntas y respuestas permiten estructurar preguntas, intercambiarlas y exportarlas después de la reunión (lo que resulta útil cuando se presenta una demo, durante una formación o en una lluvia de ideas). A una entrada se le puede dar “me gusta” o comentarse.

Si activa ambas opciones, recuerde establecer las normas de uso desde el principio: ¿qué ponemos en el chat? ¿Cómo se utilizan las preguntas y respuestas?

Conversación en una reunión

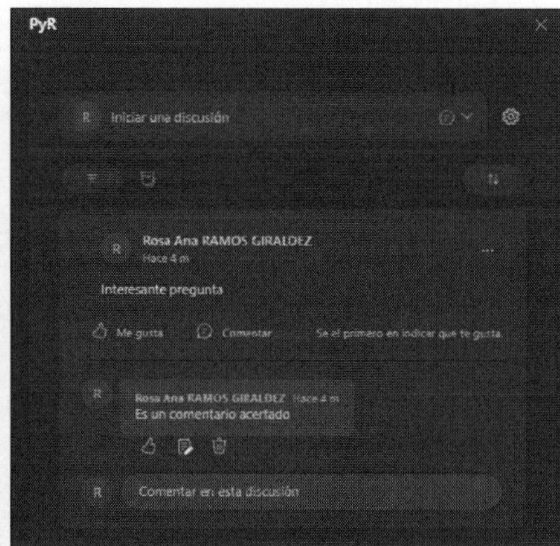

Ejemplo de intercambio de PyR

- Participaren la preparación de las actas de las reuniones y asignarse tareas sin cambiar de pantalla.

Las notas de reunión pueden generarse antes de la reunión (para preparar el orden del día) o durante la misma. Se componen de tres bloques:

- El orden del día, que permite, antes o al inicio de la reunión, añadir la lista de temas que se van a tratar.
- Las notas, presentadas en texto libre o en forma de lista con viñetas.
- Las tareas por hacer, que son un conjunto de campos predefinidos que se deben completar (la fecha de vencimiento, a elegir en el calendario, la persona a la que se asigna la tarea (de entre los usuarios de su entorno Microsoft) y un campo de texto que le permite introducir el enunciado de la acción).

Se espera que las decisiones que se toman en una reunión den lugar a acciones posteriores. Estas acciones pueden fecharse y asignarse durante la reunión. A continuación, se crearán en un plan de Planner específico y, si se asignan correctamente, entrarán automáticamente en el To Do de los usuarios/as.

Es imprescindible añadir una fecha de vencimiento para que esto suceda.

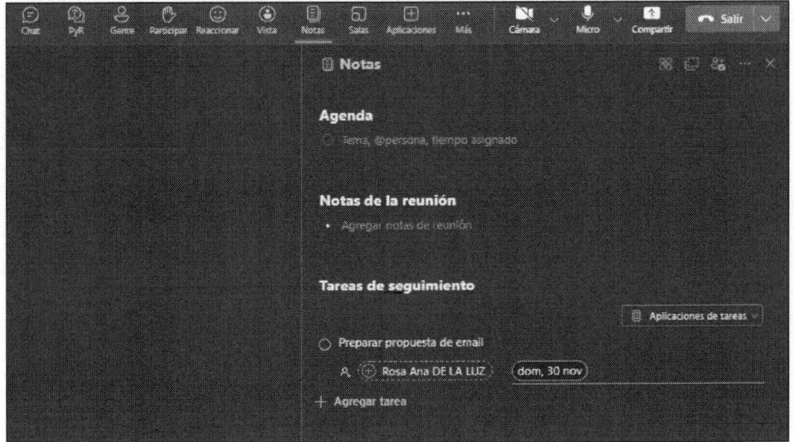

*Desde la pestaña **Notas**, en la parte superior de la pantalla, puede visualizar el acta de la reunión. Las tareas se encuentran en la parte inferior del acta.*

- Gestionar los participantes:

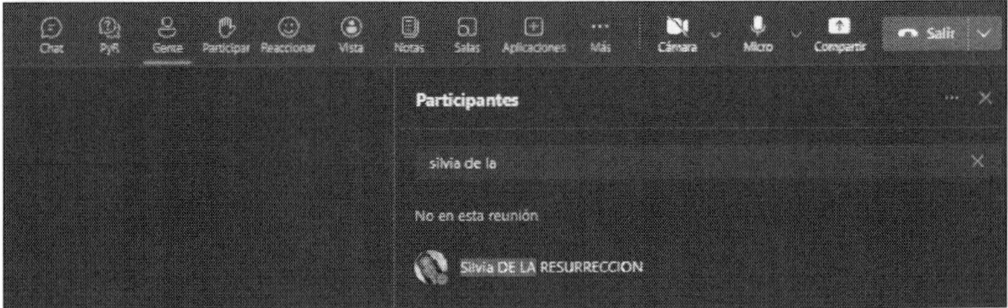

Durante la reunión, puede gestionar a los participantes. Desde este apartado, puede ver a todas las personas conectadas, identificar a las que levantan la mano o reaccionan, y activar o desactivar los micrófonos.

También puede llamar a otras personas para invitarlas a participar en la reunión, o bloquear la sala para que no pueda entrar más gente una vez comenzada la reunión.

- Para bloquear la sala, en Gente, haga clic en el botón ... y, a continuación, en **Bloquear reunión**.

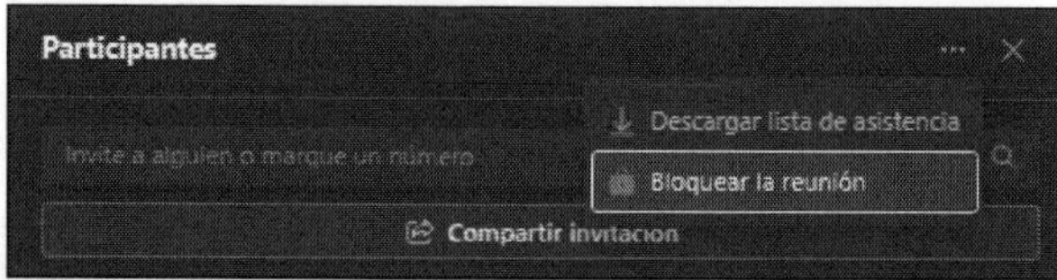

- Reaccionar y levantar la mano para participar sin interrumpir al presentador7a:

Si las opciones están activadas en los ajustes de la reunión, sus contactos podrán utilizar emojis para interactuar con Vd. sin micrófono. Levantando la mano podrán indicar su presencia y pedir la palabra. Esto activa una notificación (mano levantada) en la lista de participantes y se muestra junto al nombre de la persona que quiere hablar.

Tenga en cuenta que cuando haya terminado de hablar, el orador o presentador deberá bajar manualmente la mano del participante. Si Vd. es el/la participante, basta con que vuelva a hacer clic en el icono. Si es el organizador/a, haga clic en ... a la derecha del nombre del participante con la mano levantada y, a continuación, en **Bajar la mano**.

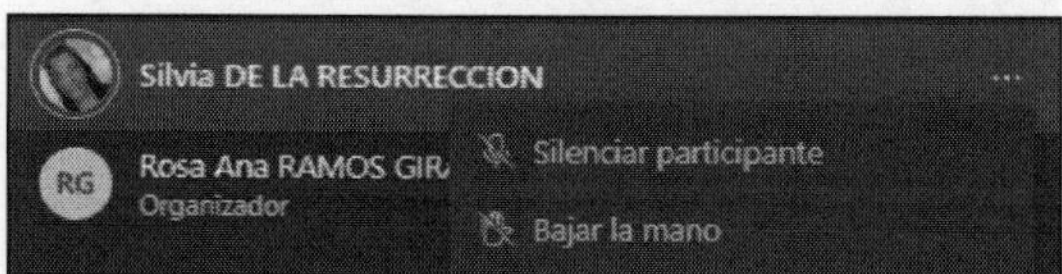

Al final de una reunión, si usted es el propietario, tiene dos opciones: salir de la reunión (el botón situado en la parte superior derecha de la pantalla) o finalizarla:

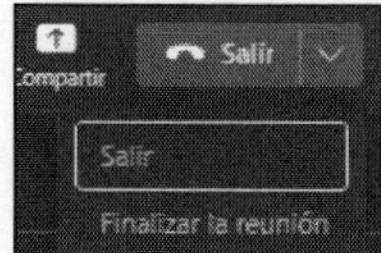

Finalizar la reunión significa que la reunión termina para todas las personas conectadas, se detiene cualquier grabación en curso y se genera el informe de asistencia. Esto libera una sala conectada a la reunión y no permite que los participantes permanezcan en su sala virtual sin usted.

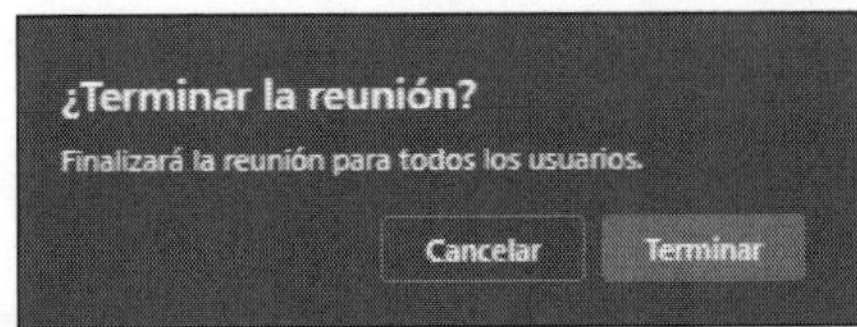

Después de la reunión (dependiendo de los ajustes que haya seleccionado), puede:

- Seguir interactuando con sus contactos a través del chat de la reunión:

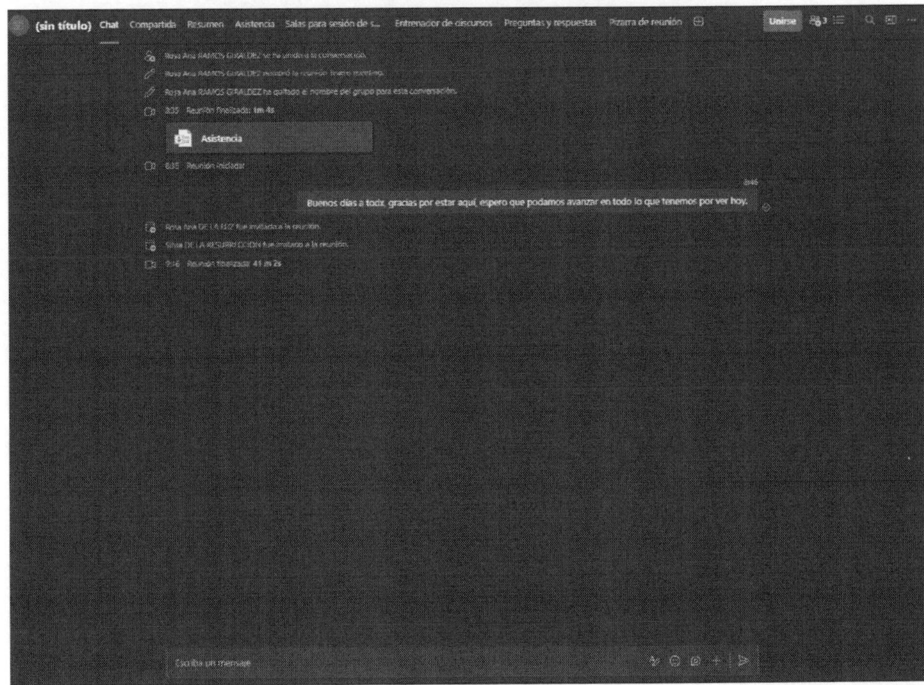

Si la opción está activa, permite mantener el enlace después de la reunión y seguir hablando del tema una vez acabada.

En esta conversación, los usuarios podrán encontrar las notas de la reunión (también disponibles en Loop) y cualquier grabación creada durante el evento.

- Comprobar el estado de presencia.

Al final de la reunión, los organizadores tendrán acceso al informe de asistencia. En él se muestra la conexión y desconexión de todos los usuarios presentes en la reunión.

Si la reunión requería inscripción, la información que proporcionaron al inscribirse también está disponible en esta pantalla.

Algunas reglas sobre las citas de voz/vídeo:

- Cuando hay muchos participantes, es mejor apagar los micrófonos/cámaras para que todos tengan la mejor experiencia posible.
- Establezca las reglas desde el principio:¿las preguntas se hacen sobre la marcha o al final?
- Explique a los asistentes la función de "levantar la mano". Cuando varias personas levantan la mano, el orden en que lo hacen se indica en la lista de participantes. Esto le permitirá hacer participar a cada persona en el orden correcto y evitar enfados.
- Puede pedirle a alguien que encienda la cámara durante una conversación cara a cara, pero no puede obligarle.

- Respete el estado de disponibilidad de sus contactos, tanto durante una llamada en directo como al programar una cita. El asistente de programación (disponible al crear citas en Teams y Outlook) está ahí para ayudarle, permitiéndole comprobar que las personas que ha añadido en los campos **Obligatorio** y **Opcional** están disponibles en la franja horaria seleccionada. Puede acceder a este asistente a través de la pestaña en la parte superior de la ventana de la reunión:

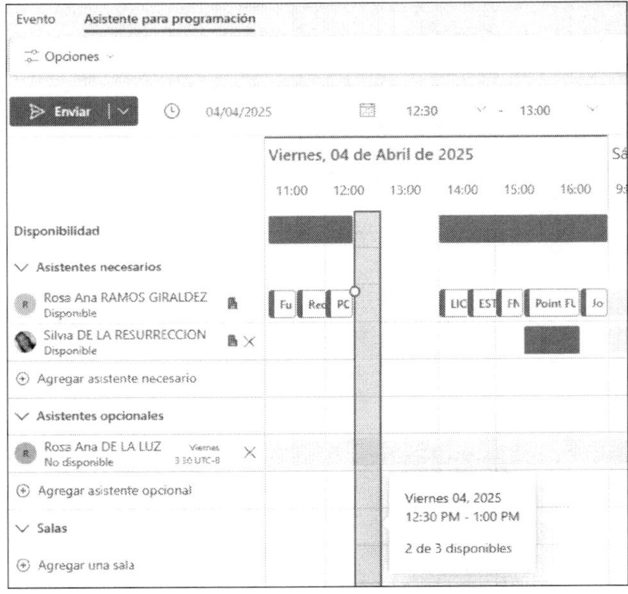

b. Respuestas y reacciones

En Teams, puede utilizar dos modos de comunicación: escribir una respuesta por o reaccionar a un mensaje.

La respuesta escrita tiene por objeto facilitar información o hacer preguntas. Puede utilizarse en conversaciones, en canales de equipo o durante reuniones, en una sola línea o con formato, como cualquier otro mensaje.

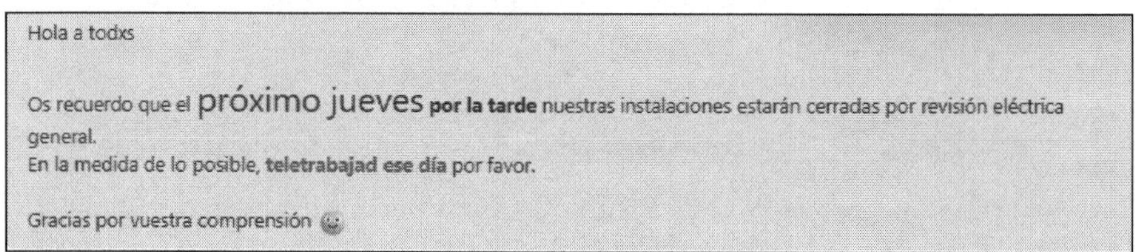

Texto mejorado

En una conversación, la respuesta se publica directamente en el hilo de la conversación, como un nuevo mensaje.

Si la conversación ha avanzado y quiere responder a un mensaje anterior, puede situarse en el mensaje y cuando aparezca la flecha Responder con una cita, ghacer clic en ella.

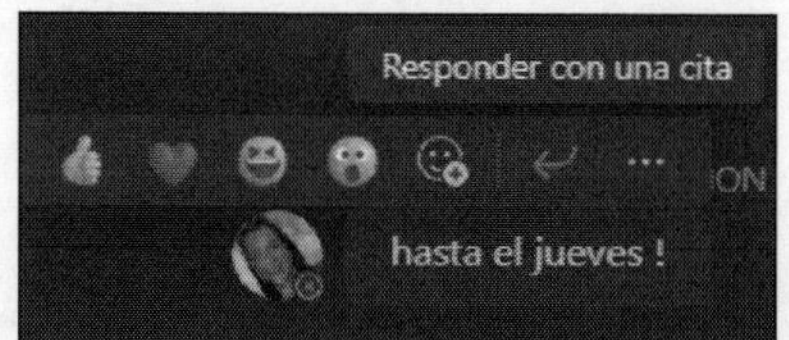

Esto le permite citar el mensaje al que está respondiendo si la conversación ha continuado y el mensaje ha subido demasiado en el hilo de la conversación.

En un equipo, sin embargo, es imprescindible utilizar el botón **Responder** para permanecer en el hilo de la conversación a la que dé lugar la publicación.

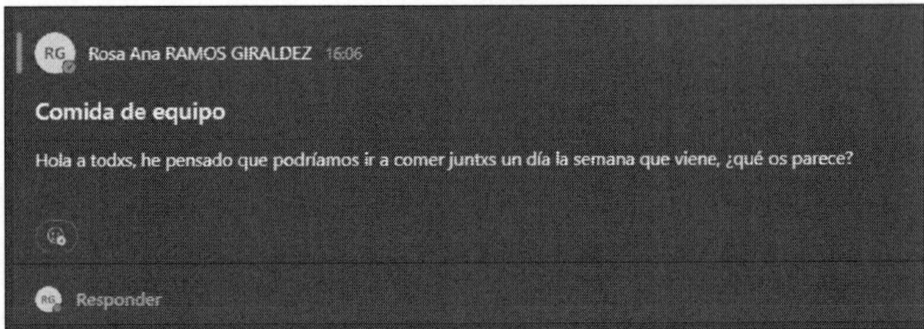

Si no tiene ninguna respuesta concreta que dar, pero quiere reaccionar a una publicación (dar las gracias, dejar constancia de que lo ha leído, compartir su alegría o sorpresa), puede utilizar la función de reacciones.

Para ello, pase el ratón por encima del mensaje y aparecerán emojis predefinidos: haga clic en el icono que refleje su reacción o en el icono + para acceder a otros emojis. Su reacción aparece debajo de su nombre, para que todo el mundo pueda ver cuál es la tuya.

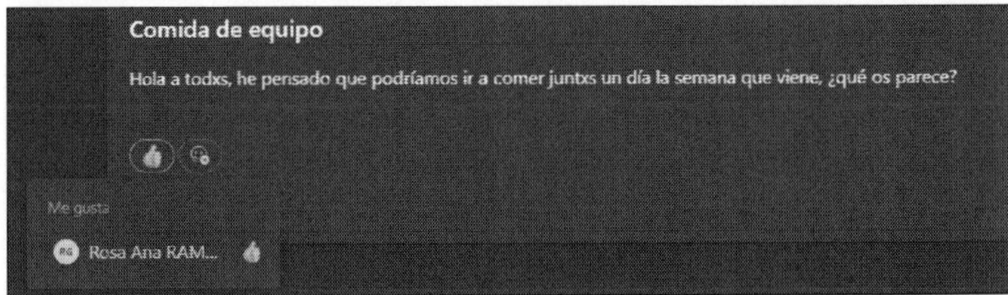

Es importante ser claro en la reacción: su público no debería tener que investigar para entender lo que quiere decir.

c. Conversaciones de pestañas

Cuando trabaja en equipo, puede añadir pestañas en los canales para facilitar el trabajo diario, haciendo clic en el símbolo + de la parte superior de la pantalla (después de **Publicaciones** y **Archivos**). La mayoría de estas pestañas generan una nueva publicación en el canal en el que se adjuntan para informar a los participantes de que están disponibles. Esta publicación está relacionada con la pestaña en cuestión.

Puede utilizarlas directamente en la pestaña **Publicación** reaccionando a la publicación que se ha generado al añadir la pestaña, así como acceder a ellas directamente desde la pestaña en cuestión a través de su icono.

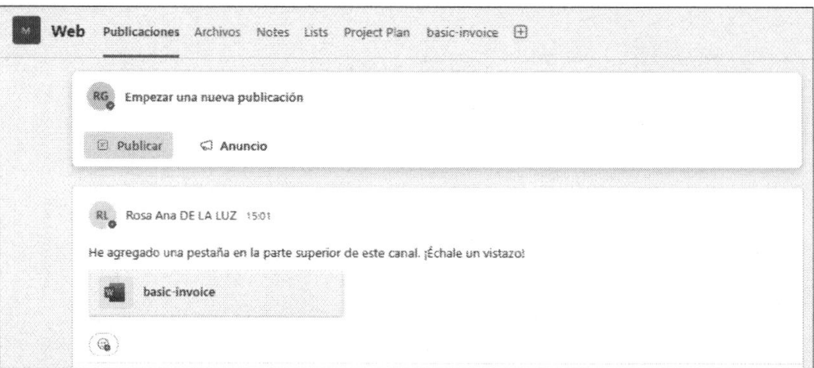

Esto le permite conversar sobre esa pestaña, pero también seguir conversaciones relacionadas con una pestaña en concreto (una lista de SharePoint, un libro de Excel, una presentación de PowerPoint, etc.).

d. Encuestas

Tanto en los equipos como en las conversaciones, puede publicar sondeos rápidos de dos formas.

Para hacer una pregunta y conseguir que su audiencia vote, puede utilizar **Forms/Polls**. Esta aplicación le permite recoger y compartir votos en directo.

Estas aplicaciones están disponibles cuando está escribiendo un mensaje, a través del icono+ . Polls y Forms son la misma aplicación. Encontrará todas sus encuestas en la aplicación Forms de su entorno Microsoft 365.

Añadir Forms mediante el botón + y la aplicación Polls

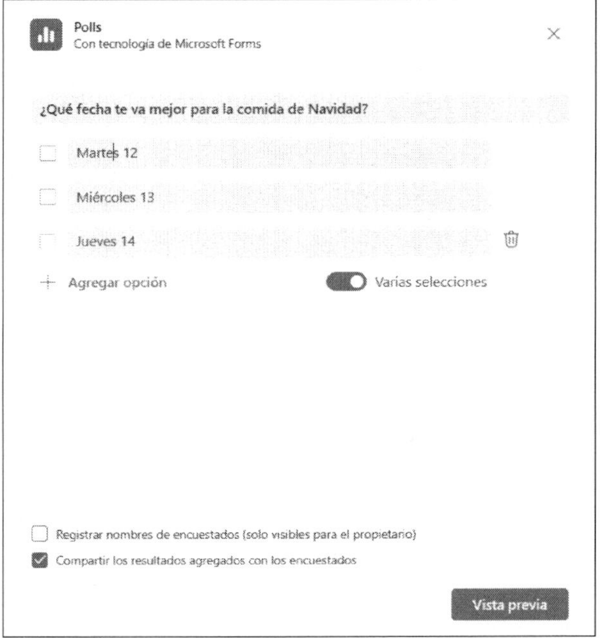

Ejemplo de creación de un formulario

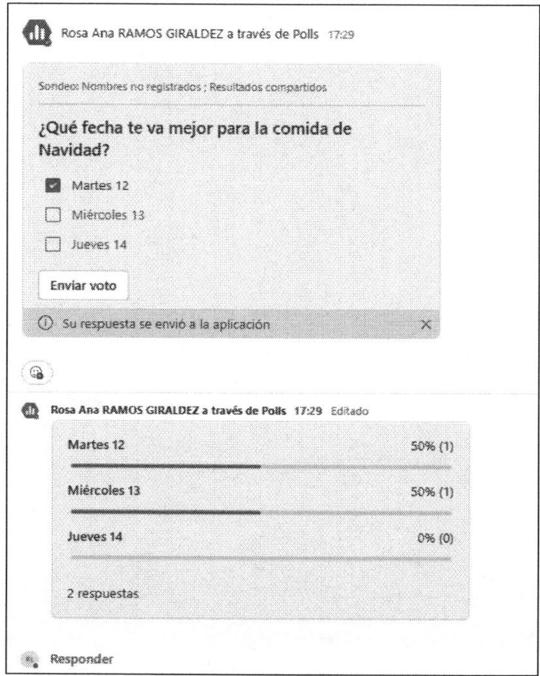

Resultados

También puede optar por la herramienta Loop integrando una mesa de votación en un componente de Loop. Esto le permite ofrecer varias opciones y dejar que sus contactos voten la que prefieran.

- Para ello, haga clic en el icono cuando escriba un mensaje y seleccione el tipo de componente que desea enviar, en este caso **Tabla de votación**.

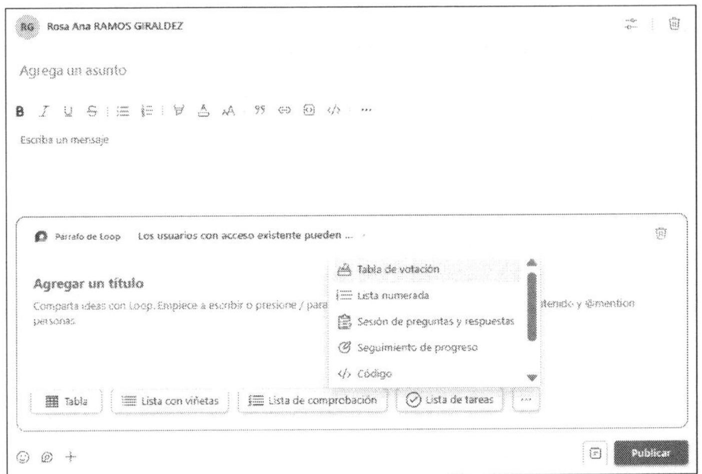

Integración de una tabla de votación

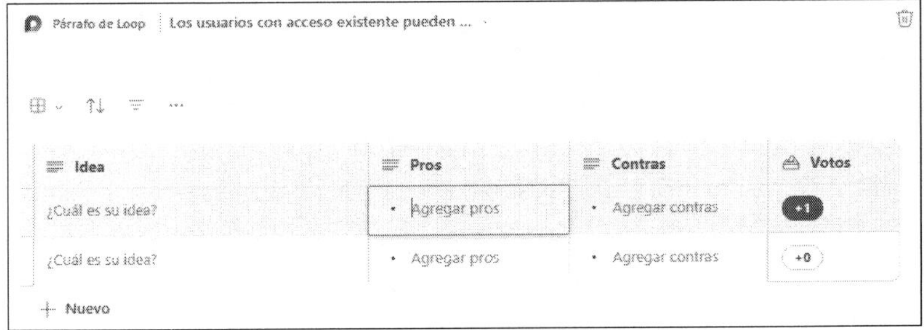

Resultados

Estas dos funciones le permiten interactuar de forma eficaz y sencilla con sus contactos y agrupar todas las respuestas en un único lugar y de forma armonizada: las respuestas de sus contactos están centralizadas y solo pueden responder sobre una lista de propuestas predefinidas (casillas o botones de votación).

B. Objetivo: cero correo interno

1. Bibliotecas (SharePoint)

Una de las muchas razones por las que mandamos correos electrónicos es para intercambiar archivos.

Pongamos un ejemplo: el caso típico es el de un comunicante, Alberto, que envía un archivo para que lo completen sus compañeros Berta, Carlos, Diego, Eric y Fali. Berta completa el expediente y se lo devuelve a Alberto en V2. Carlos también lo completa y lo devuelve a Alberto, poniendo a todos los demás en copia. También ha nombrado V2 el archivo. Diego y Eric trabajan sobre la versión de Carlos y envían a la vez una V3 (una cada uno). Por último, Fali, que solo había copiado la versión de Eric, la completa y crea una V4.

Esto nos da:

- una V1;
- dos V2;
- dos V3;
- una V4.

Cada uno de estos archivos contendrá información diferente que deberá identificarse y compilarse de forma manual.

Además de hacer más complejo el tratamiento de los datos, este proceso es fuente de confusión, obliga a Alberto a llevar un seguimiento minucioso de quién ha respondido o no (sea cual sea la versión inicialmente utilizada) y llena el espacio de almacenamiento de Alberto en la nube (correo electrónico de Outlook y almacenamiento de distintos documentos en OneDrive).

De hecho, un correo electrónico con un archivo adjunto pesa mucho, consume espacio y ancho de banda y en este caso, Alberto tiene ahora en Outlook seis versiones completas del mismo archivo.

En el caso de una colaboración continua y a largo plazo en un proyecto, imagínese cuántas versiones de archivos se almacenarán en sus bandejas de entrada de correo electrónico...

Como decíamos antes, los equipos en Teams tienen su propio espacio de almacenamiento compartido de forma nativa, accesible desde la pestaña **Archivos**, que corresponde a una biblioteca de SharePoint.

Por defecto, el acceso a estas bibliotecas se copia de los miembros del equipo y los propietarios: los miembros son los integrantes de la biblioteca de SharePoint, y los propietarios son sus administradores.

Al igual que OneDrive, SharePoint le permite colaborar a la vez en el mismo archivo. Así puede saber quién está conectado a él y dónde se encuentra (funciona para Word, Excel y PowerPoint).

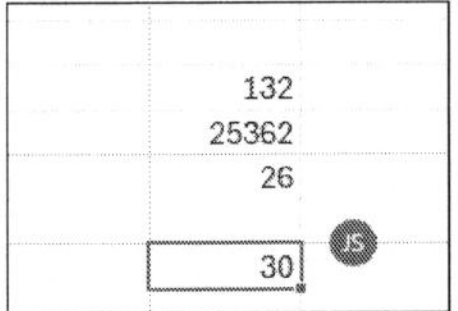

Si quiere trabajar en exclusiva en un archivo (y bloquear la colaboración), puede extraerlo.

- Para ello, pase el ratón por encima del nombre del archivo, haga clic en el botón ⋯, luego en **Más** y, por último, en **Extraer del repositorio**. El archivo queda bloqueado: solo Vd. puede modificarlo. Este bloqueo está simbolizado por ⬊

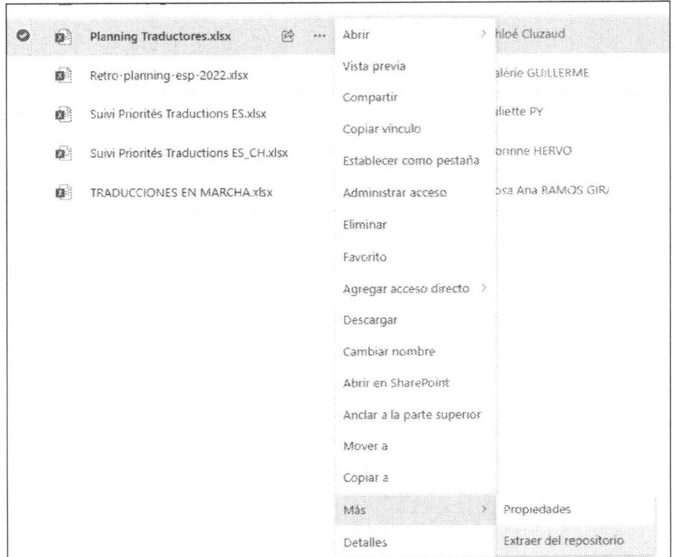

- Para quitar la restricción, realice la misma operación y haga clic en **Descartar extracción del repositorio**.

Así, todos los miembros de un equipo tendrán acceso a la biblioteca del sitio asociado. La carpeta raíz es la biblioteca Documentos. Comienza con una única carpeta **General**, correspondiente al canal principal de su equipo. Por cada nuevo canal (estándar) que cree, se creará una nueva carpeta con el mismo nombre en la biblioteca Documentos.

Para acceder a ella en Teams, basta con hacer clic en la pestaña **Archivos** de cada canal. También puede optar por acceder a la biblioteca haciendo clic en el botón ••• y luego en **Abrir en SharePoint**.

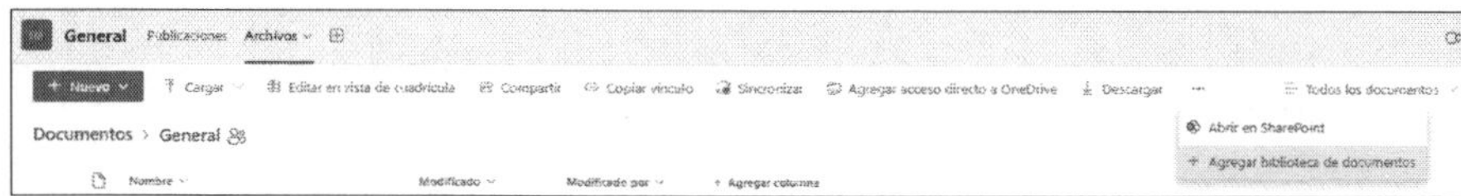

Tenga en cuenta que cuando crea un canal privado o compartido, no solo está creando una nueva carpeta en SharePoint, sino un nuevo sitio de SharePoint completamente independiente del primero.

En el sitio de SharePoint, puede crear varias bibliotecas y gestionar su acceso.

Por ejemplo, en el caso de un equipo de ventas, tiene la biblioteca Documentos accesible a todos los miembros del equipo, y crea otra biblioteca en la que tendrá las carpetas que quiere compartir con sus clientes. Llamémosla Red.

Por defecto, en Red todos los miembros del equipo tienen acceso a todas las carpetas. Sin embargo, además de estos derechos, cada carpeta se comparte específicamente con el cliente cuyo nombre tiene.

Por ejemplo:

La carpeta Red>Empresa A se comparte con todos los miembros de su equipo y 3 personas de la empresa A.

La carpeta Red>Empresa B se comparte con todos los miembros de su equipo y 10 personas de la empresa B.

Ningún miembro de la empresa A o de la empresa B puede acceder a la biblioteca Documentos ni al contenido del sitio.

Los miembros de la empresa A no ven los documentos guardados en la carpeta de la empresa B.

Los miembros de la empresa B no ven los documentos guardados en la carpeta de la empresa A.

A diferencia de OneDrive, las bibliotecas de SharePoint se comparten de forma nativa, lo que hace que administrar sus derechos sea más complejo. Por lo tanto, es esencial tener muy claro qué carpetas se comparten fuera del equipo.

Para ello, puede elegir un color determinado para las carpetas compartidas, crear una biblioteca específica para compartir, o crear metadatos o columnas concretos para etiquetar las carpetas compartidas.

Recuerde que estoy hablando de carpetas y bibliotecas. Debido a la complejidad de la gestión de los recursos compartidos, es esencial limitarlos a los dos primeros niveles de la estructura de árbol: o se comparte una biblioteca completa, o se comparte el primer nivel de carpeta. Sería muy complicado gestionar el uso compartido en niveles más profundos, y habría un alto riesgo de compartir datos sensibles con personas equivocadas.

Estas son las tres opciones para supervisar las carpetas compartidas en una biblioteca de SharePoint perteneciente a un sitio de equipo.

a. Crear una carpeta con un color concreto

- En su biblioteca de documentos, haga clic en el botón **Nuevo**.
- Seleccione **Carpeta**.
- Elija un color de carpeta y dele un nombre.
- Informe a los miembros del equipo del color dedicado a compartir para que la norma se comprenda y se aplique por todos (por ejemplo, puede dejarlo claro en las normas del equipo).

b. Añadir una columna de seguimiento

- En su biblioteca de SharePoint (desde el navegador), haga clic en **Agregar columna**.

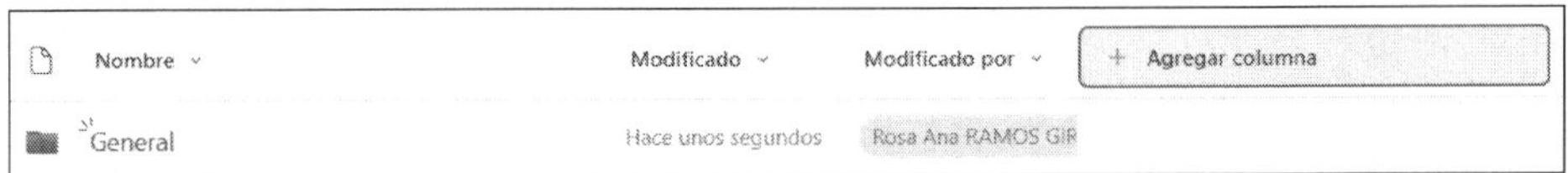

- Seleccione un tipo de columna. Si desea un seguimiento preciso, seleccione el tipo **Elección**, que le permitirá controlar el tipo de datos introducidos y garantizar su armonía (el usuario/a tendrá que seleccionar una de las opciones que Vd. haya determinado). Por ejemplo, puede ofrecer las opciones **Solo equipo**, **Compartir internamente** y **Compartir externamente**. Si el objetivo es simplemente saber si un archivo se comparte fuera del equipo, una columna **Sí/No** será suficiente.

- Una vez hecha esta elección, para cada carpeta que cree deberá completar este nuevo campo. Para ello, seleccione el botón **Editar en vista de cuadrícula** e introduzca la información en el campo correspondiente.

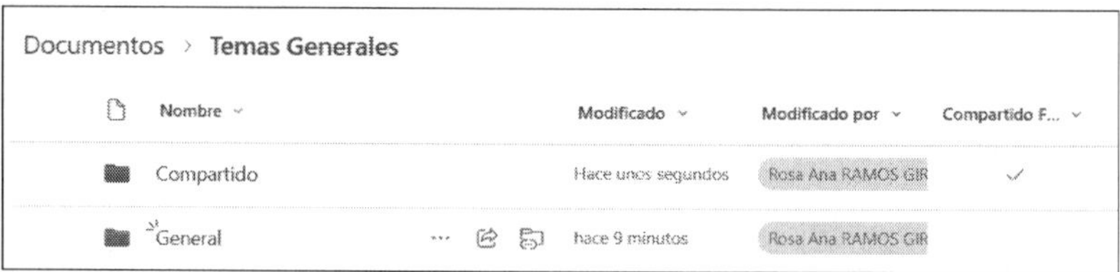

c. Añadir metadatos

Los metadatos se gestionan o bien por el sitio (en su totalidad, lo que veremos aquí), o bien a nivel de toda su organización. Estos metadatos pueden utilizarse para asignar una etiqueta a cualquier elemento de su sitio con el fin de categorizarlo. Esta información puede recuperarse añadiendo a su biblioteca una columna de metadatos gestionados, para garantizar que se utilice la misma nomenclatura en todo el sitio, y así facilitar la búsqueda e identificación de cada elemento.

- Haga clic en el icono situado en la parte superior derecha de la pantalla.

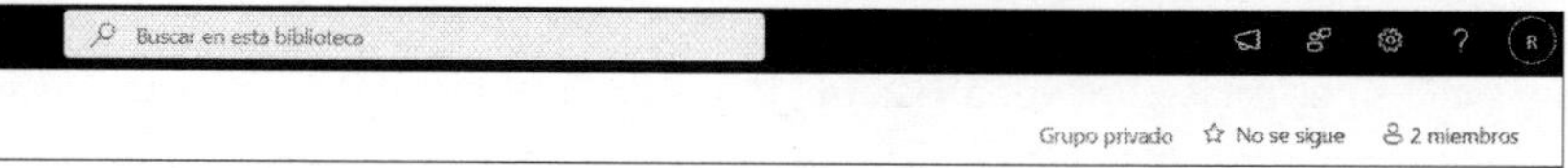

✎ Haga clic en **Información del sitio**.

✎ Haga clic en el enlace **Ver todas las opciones de configuración del sitio**.

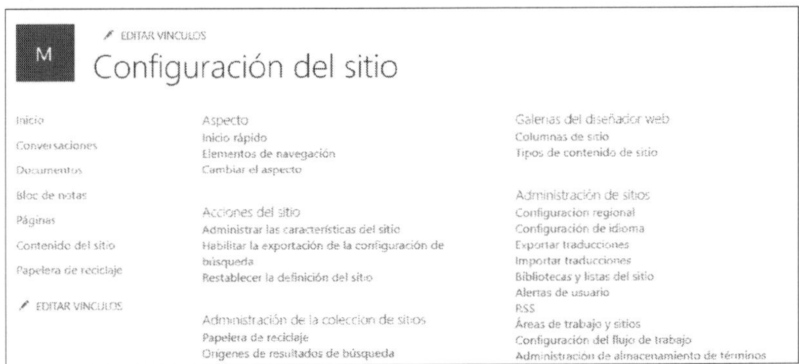

- En el menú **Administración de sitios**, haga clic en **Administración de almacenamiento de términos**.

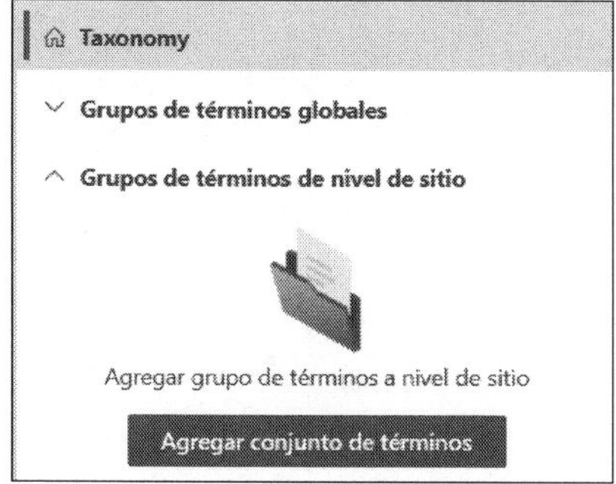

- Seleccione el menú **Grupo de términos de nivel de sitio** y, a continuación, haga clic en **Agregar conjunto de términos**. El nombre del grupo equivale al nombre de una categoría (por ejemplo: Seguimiento de documentos).
- Una vez creado, pulse la tecla [Intro] y haga clic en el botón **Agregar conjunto de términos**. El nombre de un conjunto de términos corresponde al nombre de una columna, de tipo **TrackingStatus**.
- En este conjunto, añada los términos necesarios para el seguimiento (**Compartir internamente**, **Compartir externamente**, ...) haciendo clic en el botón [⋮] situado al final de la línea:

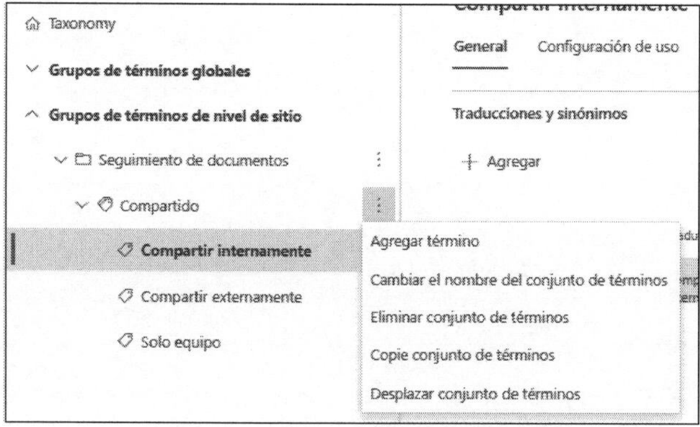

Ejemplo de estructura de árbol

- Para utilizar estos términos, añada una columna de **Metadatos administrados** en su biblioteca y busque su grupo de términos (para más información, consulte el capítulo Excel no es la solución a todo, piense en Lists).

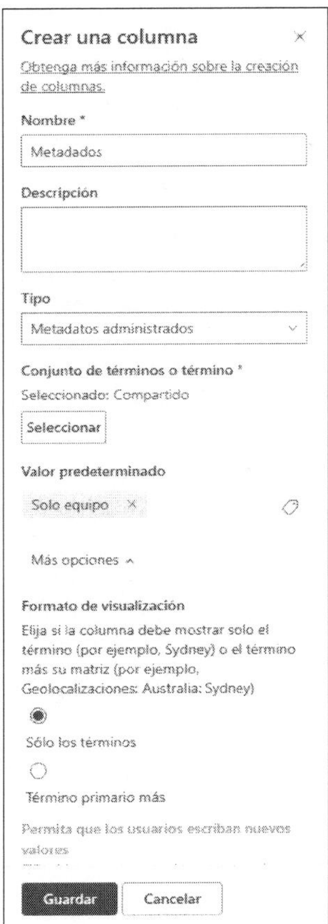

Añadido de una columna con estos elementos

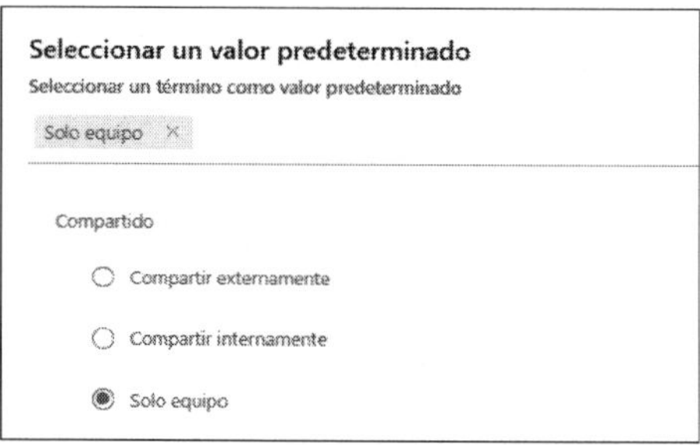

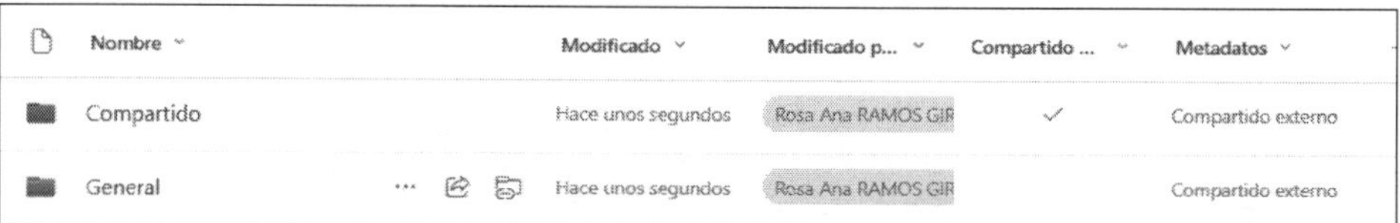

Nombre	Modificado	Modificado p...	Compartido ...	Metadatos
Compartido	Hace unos segundos	Rosa Ana RAMOS GIR	✓	Compartido externo
General	Hace unos segundos	Rosa Ana RAMOS GIR		Compartido externo

Ejemplo de uso en una biblioteca de documentos

Una cuarta opción sería separar las carpetas compartidas del espacio de trabajo principal, mediante una biblioteca concreta o creando un sitio SharePoint separado y específico para ello.

2. Loop

Microsoft **Loop** es una herramienta de colaboración que permite estructurar la información y colaborar en distintos espacios de trabajo, teniendo siempre acceso a los cambios realizados en tiempo real.

La herramienta divide los espacios de trabajo en tres bloques:

- Las **áreas de trabajo** son contenedores. Agrupan un conjunto de páginas y subpáginas que Vd. puede organizar como le convenga.
- Las **páginas** pertenecientes a espacios de trabajo. El enlace a las páginas puede compartirse fuera del área de trabajo y reutilizarse en otras.
- Los **componentes**: pueden estar integrados en páginas o ser completamente independientes, creados como notas de reunión durante las reuniones de Teams, desde una página de OneNote, un correo electrónico, una conversación o un canal de equipo.

En todas estas áreas de colaboración hay plantillas predefinidas que le permiten utilizar distintos formatos: tablas, notas, campos de fecha o categoría, gestor de tareas, tablas de votaciones, títulos y resúmenes, etc.

Desde un punto de vista técnico, cada elemento que crea se almacena en su espacio OneDrive y se comparte con las personas que quiera. Cuando alguien comparte un elemento con Vd. (espacio de trabajo, página o componente), puede encontrarlo directamente en la aplicación Loop y en los elementos compartidos con Vd. en su espacio OneDrive.

La aplicación Loop está disponible desde la página de inicio de su entorno Microsoft 365 para la Web, en el mismo lugar que todas las aplicaciones ya vistas. Este es su logotipo:

Cuando escribe una página en Loop, en cualquier momento puede compartir un extracto para colaborar con sus compañeros/as. Para ello, seleccione lo que desea compartir, haga clic en el botón [...] del menú que aparece y luego en **Crear el componente Loop**.

A continuación, puede compartir esta parte de su página tantas veces como dequiera; todos los cambios que realice en este componente serán visibles en tiempo real para todas las personas que hayan obtenido el enlace.

Por ejemplo: estoy trabajando en un artículo para ayudar a los usuarios a utilizar Loop. Quiero que este artículo incluya un buzón de sugerencias sobre los distintos usos de la herramienta. Creo un componente Loop a partir de una tabla de votación y lo comparto con mi equipo IT Teams, así como con los equipos Loop SuperUsers y BetaTesters. Todos los usuarios pertenecientes a estos equipos, así como el componente de mi página, se actualizarán a la vez en todos los lugares donde esté disponible cuando alguien comparta una nueva idea o vote por una existente.

En el momento de escribir este libro, Microsoft había anunciado que pronto sería posible compartir componentes de Loop con personas fuera de la empresa. Por el momento, esto no es posible.

3. Planner (Planificador)

Planner (o Tareas de Planner y To Do para la versión Teams) es una aplicación de gestión de tareas compartidas. Es la versión colaborativa de la aplicación To Do. De hecho, todas las tareas asignadas a usted en un plan de Planner pueden encontrarse en la categoría **Asignadas a mi usuario** en To Do.

Logo Planner

Los planes Planner se pueden crear desde la aplicación disponible en el portal de Microsoft 365, desde Teams (en el menú de la izquierda) o directamente desde un canal de un equipo (añadiéndolo como pestaña, como ya hemos visto).

✎ Por ejemplo, para añadir un plan a un equipo de Teams, haga clic en el botón ⊞ situado a la derecha de las pestañas **Publicaciones** y **Archivos**. A continuación, seleccione la aplicación Planner y siga los pasos para crearlo.

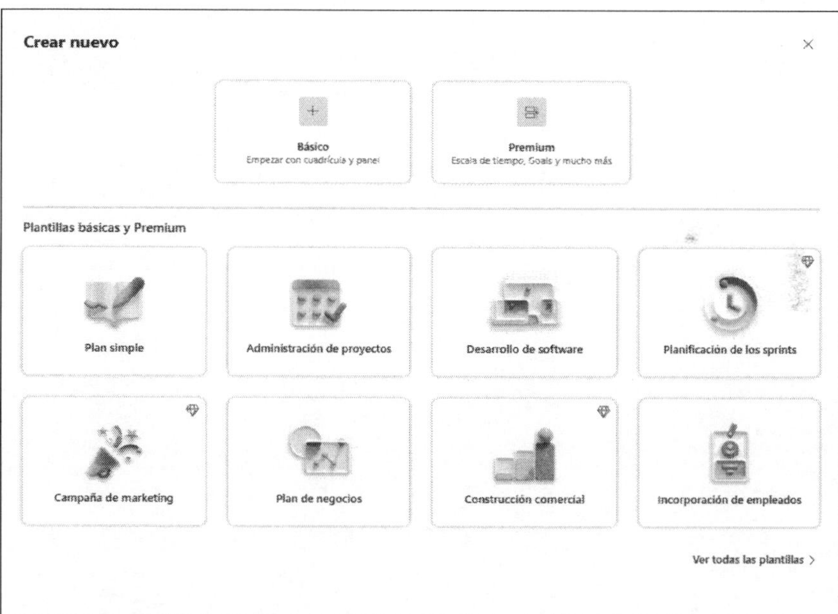

Esta aplicación le permite llevar el seguimiento de las tareas en marcha para un equipo, un proyecto, un departamento, etc. También es Planner quien está detrás de los componentes Loop de gestión de tareas.

Un plan, cuando se vincula a un equipo, puede anclarse a uno o más canales estándar (consulte en este capítulo Equipos: el canal adecuado - Comunicación a través de equipos/conversaciones de pestañas). Puede haber tantos planes como desee por equipo. Solo asegúrese de ser coherente.

Desde un plan, tiene varias opciones para visualizar las tareas:

- una vista de Cuadrícula, similar a la de Excel, que resume las tareas como en una tabla;

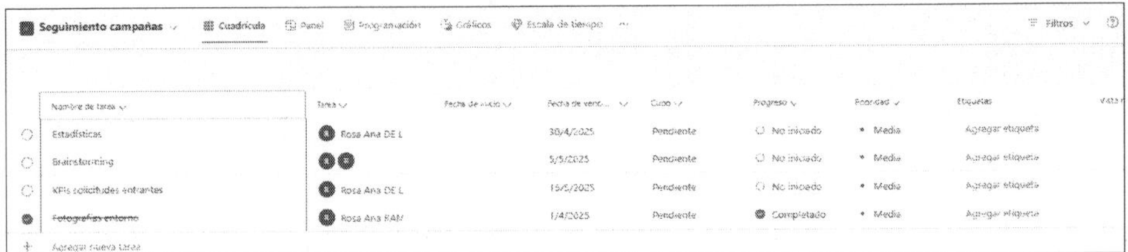

- una vista Panel que clasifica las tareas en cubos;

- una vista Gráfico que ofrece una visión estadística de las tareas (retrasos, progreso, asignación, etc.);

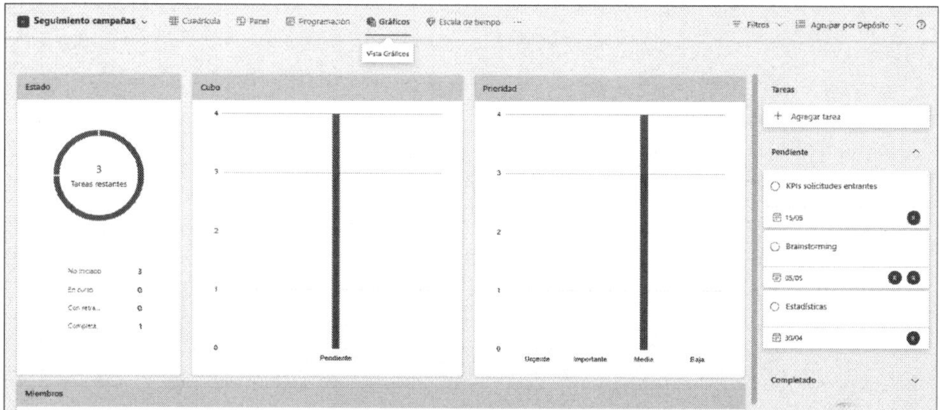

- una vista Programación para las tareas pendientes.

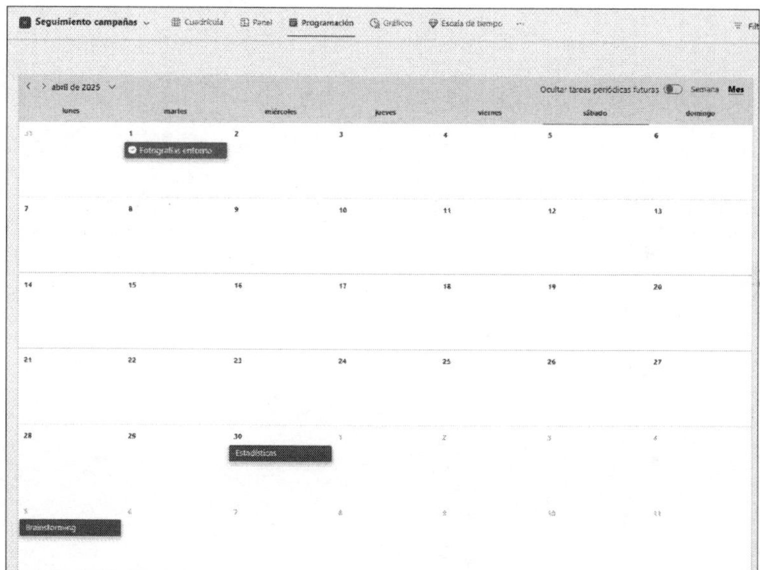

Todas estas vistas pueden filtrarse para cubrir distintas necesidades.

Las tareas en sí se completan mediante un formulario que incluye una serie de campos:

- el título de la tarea a realizar;
- las fechas de inicio y fin de la tarea;
- su progreso;
- su nivel de prioridad;
- el depósito (o categoría) al que pertenece;
- la(s) persona(s) asignada(s) a la tarea;
- una lista de pasos que deben completarse antes de que la tarea se considere finalizada;
- adjuntos, que pueden seleccionarse directamente desde el equipo de Teams en el que se incluye el plan;
- comentarios, para que todo el mundo pueda añadir notas de seguimiento sobre la tarea. Cada comentario lleva el nombre de la persona que lo ha publicado, así como la fecha y hora de publicación;
- por último, las etiquetas permiten añadir información adicional (en espera de respuesta, Outlook, etc.).

Principalmente hay dos formas de gestionar las tareas compartidas en un equipo cuando esta implica a varias personas: o bien se asigna la tarea a todas las personas y cada una actúa cuando le toca, o bien se asigna la tarea a la siguiente persona cuando la anterior ha completado su parte del trabajo.

Para decidir cómo prefiere trabajar, tenga en cuenta que todas las personas asignadas a una tarea recibirán notificaciones de cualquier cambio realizado (nuevo comentario, cambio de estado, etc.) por correo electrónico, en la aplicación Planner y en el feed de noticias de Teams.

4. OneNote

OneNote es un bloc de notas que se pone a disposición de cada equipo nuevo de Teams a través de la pestaña Notes. Esta aplicación permite tomar notas y estructurarlas en secciones, páginas y subpáginas (como Loop).

Logotipo de OneNote

Ofrece la posibilidad de insertar varios formatos (notas de voz, dictados, componentes Loop).

Puede crear blocs de notas adicionales desde la biblioteca de SharePoint del equipo, así como desde su espacio en OneDrive (para sus notas personales) o directamente en la aplicación web o de escritorio de OneNote.

Es ideal para redactar documentación técnica o establecer el marco de un equipo o canal. La estructura en pestañas facilita la navegación y permite clasificar la información como en un sitio web. Además, las páginas de un bloc de notas OneNote pueden compartirse en formato PDF, enviarse por correo electrónico a través de Outlook o incluso editarse con Word.

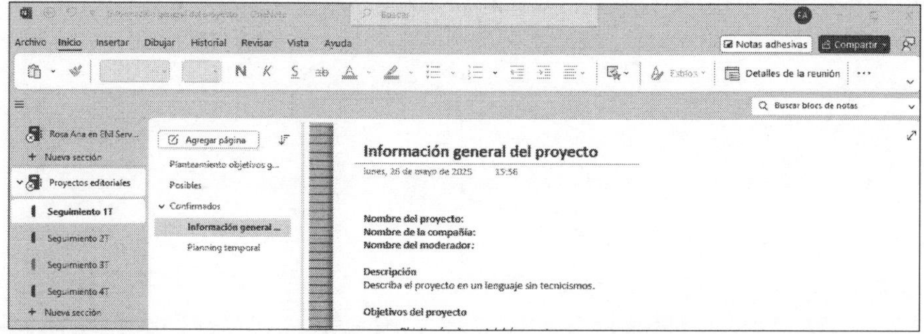

La finalidad y el uso de OneNote no es la colaboración en diferido. Puede utilizarse para la colaboración en directo (por ejemplo durante una reunión), gracias sobre todo a su estructura de bloques de construcción, que permite desplazar elementos a cualquier parte de la página y añadir notas manuscritas e imágenes....

Sin embargo, el historial de edición de OneNote dificulta la edición sin conexión. Si se modifica una parte del archivo en su ausencia, el historial de edición simplemente le dirá en qué sección y página se hizo el cambio, pero no qué parte se editó, añadió o eliminó. Este uso será para Loop. También puede ser útil integrar un componente de Loop (colaborativo) en un OneNote (más estructurado e informativo).

C. Conclusión

Microsoft 365 ofrece una amplia gama de aplicaciones diseñadas para facilitar que los equipos trabajen juntos como un todo, independientemente de las dificultades a las que se enfrentan los empleados (turnos, equipos dispersos, uso de herramientas en itinerancia en móvil o tableta, etc.). El uso y la configuración correctos de las herramientas permiten a los equipos coordinarse incluso cuando trabajan por turnos, supervisar el trabajo de otros cuando sea necesario para avanzar en sus propias tareas y crear momentos de colaboración en directo eficaces y bien preparados.

Estas herramientas interconectadas hacen que el trabajo diario de equipos y directivos/as sea más sencillo, fluido, fiable y eficaz, al limitar las interrupciones y las interminables "reuniones de control" para saber en qué punto se encuentra cada uno en sus tareas.

Capítulo 4

Houston, tenemos un problema - colaborar de forma externa con Microsoft 365

A. Comprender la colaboración externa con Microsoft 365

En los capítulos anteriores, hemos hablado de la colaboración interna, es decir, con personas de su empresa con una dirección de correo electrónico y una licencia nominativa en el entorno de Microsoft 365.

Pero a veces tenemos que trabajar con personas de fuera de nuestra organización. Puede tratarse de clientes, socios comerciales, proveedores o prestadores de servicios.

Por defecto, algunas aplicaciones de Microsoft 365 permiten el uso compartido externo e incluso la colaboración. Sin embargo, es posible que el administrador de Microsoft 365 en su empresa haya aplicado restricciones.

Estos son algunos ejemplos de limitaciones que puede encontrar, dependiendo de su organización:

- no es posible tener una conversación en Teams con un interlocutor externo;
- no es posible crear un canal compartido;
- no es posible compartir un archivo con un interlocutor externo;
- no es posible crear un enlace compartido abierto a todos.

En general, las opciones en gris en Microsoft son opciones que están presentes por defecto, pero desactivadas para su organización. No puede ni debe eludir las prohibiciones impuestas por su responsable informático/a, que el /la responsable de la seguridad de los datos. Tenga en cuenta que sería responsable de cualquier pérdida o corrupción de datos derivada del incumplimiento de las normas establecidas por su empresa.

B. Compartir y dar seguimiento a la información

Esto no significa enviarse un archivo de vez en cuando, sino colaborar de forma continua y fluida en temas que requieren mucho intercambio e interacción. Esto no excluye el envío de documentos como adjuntos en un correo electrónico, siempre que dicho correo no espere una respuesta o solo necesite una respuesta puntual por parte de su interlocutor.

Sin embargo, aquí veremos cómo evitar interminables intercambios de correos electrónicos, cada uno con versiones diferentes del mismo archivo.

Veremos dos conceptos: usuarios invitados y usuarios externos.

1. Teams y SharePoint: los invitados

La palabra invitado se utiliza aquí para referirse a una persona que no pertenece a su entorno Microsoft pero a la que usted ha invitado a entrar. Tiene una cuenta con un estatus específico en su organización que les permite conectarse utilizando su dirección de correo electrónico profesional desde otro entorno. No necesariamente tiene una licencia Microsoft, pero sí acceso a determinados recursos compartidos en su entorno y a la aplicación Microsoft Teams. En particular, esto le permite mantener conversaciones con usuarios internos y estar disponible en el directorio de su empresa.

En la aplicación Teams, esto adopta la forma de subentornos que aparecen en el perfil del usuario invitado (los nombres de las empresas a las que ha sido invitado) y la mención (**Invitado**) tras su nombre de usuario para todos los usuarios (incluido él/ella):

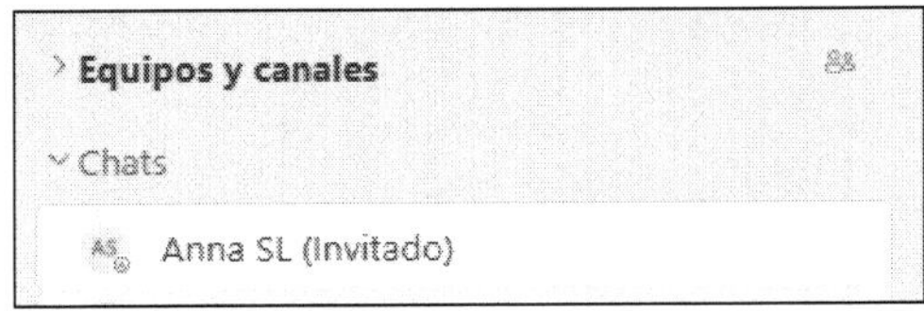

En el directorio de la empresa, los invitados también pueden distinguirse de los usuarios habituales mediante el término **Externo**.

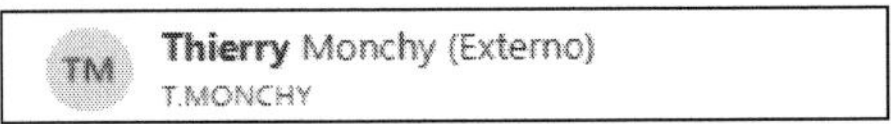

Ejemplo de un usuario invitado en los resultados de una búsqueda en Teams

Los invitados pueden pertenecer a un equipo en Teams, utilizar la conversación o colaborar en SharePoint directamente en su entorno Microsoft. Esto significa que, si quiere, puede no compartir sus datos externamente y mantenerlos exclusivamente dentro de su entorno seguro.

Los invitados tienen un acceso más restringido que los usuarios normales y no pueden navegar libremente por las aplicaciones fuera de los grupos a los que pertenecen.

La nueva versión de Teams facilita aún más la colaboración con los usuarios invitados. Pueden cambiar fácilmente de un entorno a otro haciendo clic en su foto de perfil y seleccionando uno de los entornos a los que pertenecen. También reciben notificaciones de todos sus entornos en el mismo lugar.

Este tipo de usuarios externos suelen necesitar colaborar básicamente en Teams, Planner y SharePoint (puede ser colaborar en documentos de bibliotecas o elementos de listas, participar en conversaciones o en equipos de Teams, que se les asignen tareas a través de Planner, etc.

A diferencia de la asignación de una cuenta propia dentro de su organización, esto permite a un usuario seguir utilizando su dirección de correo electrónico habitual y no le supone ningún coste adicional en términos de licencias (a menos que se asignen licencias adicionales). Además, las interacciones de los invitados con sus datos tienen lugar en su propio entorno, por lo que no pueden infringir las normas establecidas por su departamento de seguridad informática.

Para colaborar con los usuarios invitados, lo mejor es utilizar las aplicaciones disponibles a través de Microsoft Teams.com. Esto permite a su invitado encontrar todo lo que necesita en un solo lugar (sus planes, archivos, listas, etc.).

En cambio, si el usuario/a invitado/a dispone de una licencia, puede utilizar otras herramientas sin mayor problema.

Cuando trabaje con un invitado sin licencia utilizando un plan de Planner, las tareas que se le asignen mientras esté trabajando en su entorno no se sincronizarán con sus To Do personales. Recuérdeselo para que puedan acceder ellos mismos al plan y ver las tareas que se les han asignado.

2. Teams: canales compartidos

Teams permite crear canales compartidos. Aquí, "compartido" significa "compartido con personas que no pertenecen al equipo en el que se crea el canal".

Una persona ajena a su empresa que está autorizada a utilizar un canal compartido tiene un acceso **externo**.

Estos canales, como sucede con los canales privados, no incluyen a todos los miembros de su equipo por defecto, por lo que tendrá que añadirlos manualmente. Puede añadir:

- miembros seleccionados de su equipo;
- otros miembros de su organización que no formen parte de su equipo;
- personas que no pertenecen a su organización o a su equipo.

Tenga en cuenta que un invitado/a (como se describe en el apartado anterior) no puede formar parte de un canal compartido, forme o no parte de su equipo.

La configuración de estos canales para contactos externos a su entorno requiere que su responsable de TI intervenga en Entra ID (por ejemplo, Azure ID) para autorizar al dominio externo en cuestión a colaborar con su propio dominio.

Este estado es específico de la colaboración en un canal de Teams y responde a necesidades concretas. Solo algunas herramientas estarán disponibles para este tipo de canal, como el calendario del canal, la biblioteca de SharePoint o la conversación. Sin embargo, no podrá colaborar en un Planner o en un componente de Loop.

Este tipo de canal es adecuado cuando se desea comunicar de forma descendente: proporcionar archivos y un espacio de conversación estructurado, por ejemplo para comunicar el avance de un proyecto a un equipo de clientes.

Esta opción solo permite una colaboración limitada y no es adecuada para la gestión de proyectos en el verdadero sentido de la palabra, a menos que se interconecte con herramientas de planificación externas como Jira o Asana.

Observe también que la creación de un canal compartido tiene exactamente el mismo impacto que la creación de un canal privado: como los derechos de acceso son diferentes de los del equipo, la creación de este tipo de canal genera la creación de un sitio SharePoint totalmente independiente del sitio principal. Este espacio de almacenamiento está dedicado al canal y no se puede acceder a él desde el sitio del equipo.

3. OneDrive o SharePoint: ¿qué espacio de almacenamiento elegir?

OneDrive es un espacio de almacenamiento personal. Está vinculado directamente a su cuenta de Microsoft y contiene todo su trabajo personal, es decir, archivos que no requieren colaboración activa y que, por lo general, solo utiliza Vd.

Esta característica hace que compartir sea especialmente fácil de gestionar: en la versión web de OneDrive, tiene toda una pestaña dedicada a gestionar los derechos que ha concedido a sus distintos contactos. De esta forma, es muy fácil encontrar un archivo compartido y cortarle el acceso.

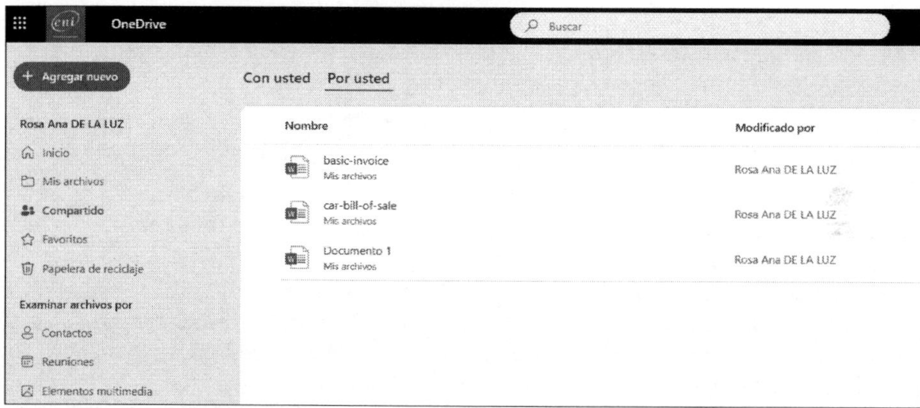

OneDrive es también el destino de almacenamiento de todos los elementos de las reuniones de Teams que Vd. organice: grabaciones, actas, transcripciones. También almacena los archivos adjuntos enviados o recibidos en sus correos electrónicos, los archivos de chat de Teams y los whiteboards (pizarras blancas) de su propiedad.

SharePoint, en cambio, es un espacio de almacenamiento compartido de forma nativa. Un sitio SharePoint puede estar vinculado por ejemplo a un equipo, un proyecto o un tema. Los archivos que contiene dependen del tema, y el grupo de personas que trabaja en ese tema tiene (por defecto) acceso a todos los elementos del sitio.

Por tanto, la gestión de derechos en SharePoint es más sencilla si se piensa en términos de todo el sitio, pero más compleja si se empiezan a compartir archivos individualmente.

Cuando comparte un archivo, no tiene otra forma de encontrarlo que recordando dónde está.

Puede ser conveniente compartir un archivo desde SharePoint, pero tenga claro lo que significa compartir dicho archivo fuera del equipo (consulte el capítulo Microsoft 365, coordinador de colaboración).

Puede añadir su contacto a un grupo de autorización determinado, que tendrá acceso a bibliotecas o artículos concretos.

También puede añadirlo como visitante del sitio y darle derechos de lectura de sus elementos.

Por último, puede optar por otorgar derechos a una biblioteca concreta dedicada a la compartición, y hacer referencia en algún lugar a esta compartición, para que todo el mundo sepa que el archivo está compartido (y evitar que se cuele en él información confidencial) y para que sea posible administrar sus derechos. Esto puede adoptar la forma de un archivo de seguimiento o una columna en la que se indique, por ejemplo, el departamento o la empresa que tiene acceso al archivo, o simplemente que el documento se ha compartido interna o externamente. Esta información ayuda a orientar a los usuarios sobre lo que pueden o no pueden añadir al archivo.

Como recordatorio, compartir da a la persona con la que comparte no solo acceso al archivo sino, mientras siga estando compartido, también a cualquier cambio que haga en él.

Por eso, a veces es preferible compartir una copia fija del archivo, alojada en una biblioteca dedicada a la que nadie tenga derecho a hacer cambios.

Cuando comparta archivos con contactos externos, a través de OneDrive o SharePoint, recuerde programar cada cierto tiempo una revisión de los derechos de acceso activos para mantener la seguridad de los datos. Puede, por ejemplo, añadir una tarea periódica a tus To Do o bloquear un hueco en su agenda (consulte el capítulo Microsoft 365, su asistente personal). Tenga siempre en cuenta que sus contactos podrán ver cualquier cambio posterior en sus documentos compartidos.

C. Sincronicen sus relojes

Otra dificultad habitual cuando se trabaja con personas ajenas a la propia organización es encontrar una franja horaria común para una reunión. El Asistente para Programación de Outlook solo funciona para los miembros de su entorno, así que los usuarios acaban, demasiadas veces, intercambiando montones de correos electrónicos con la esperanza de encontrar un hueco común. Sin embargo, hay varias herramientas que permiten saltarse esta interminable etapa.

1. Sondeo de programación para Outlook

Outlook está equipado de forma nativa con una solución de búsqueda de franjas horarias llamada **Sondeo de programación**. Como en un Doodle, puede sugerir franjas horarias a sus contactos, que a su vez seleccionan la/s que les conviene/n, y la aplicación propone la mejor opción.

Sin embargo, Sondeo de programación va más allá que Doodle. En primer lugar, al tratarse de una aplicación integrada en Outlook, la disponibilidad de las personas de su entorno a las que invita se muestran en el sondeo cuando selecciona las franjas horarias que va a proponer. Así puede estar seguro/a de proponer solo franjas horarias que convengan internamente.

A continuación, todas las franjas horarias que proponga quedarán temporalmente bloqueadas en su agenda (volverá a estar disponible sea cual sea la franja horaria que finalmente se elija).

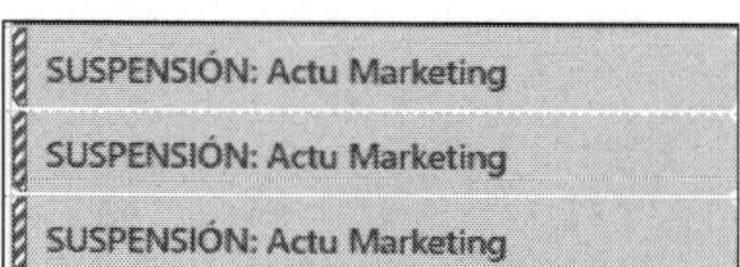

Una vez alcanzado el consenso, no tiene que hacer nada: las invitaciones se envían a todos los contactos, y las franjas no seleccionadas se liberan en su agenda.

Estos son los pasos para programar un sondeo:

- Desde un nuevo correo electrónico o cita, introduzca en el campo habitual la lista de personas a las que quiera enviar una invitación.

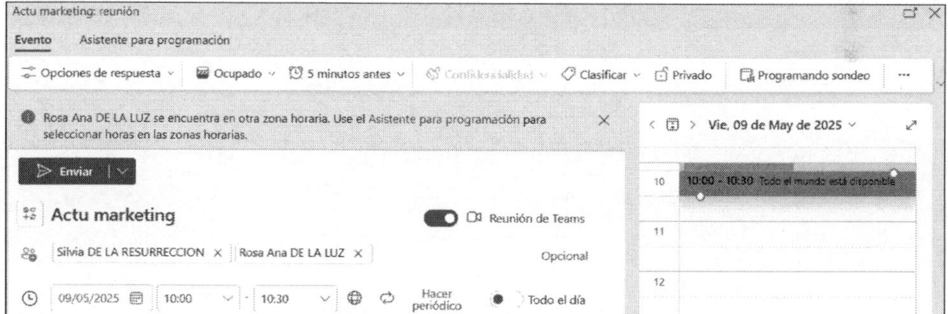

- A continuación, haga clic en **Programando sondeo**. Nota: el nombre de la reunión será el asunto del correo electrónico o de la reunión que se cree.

Programando sondeo

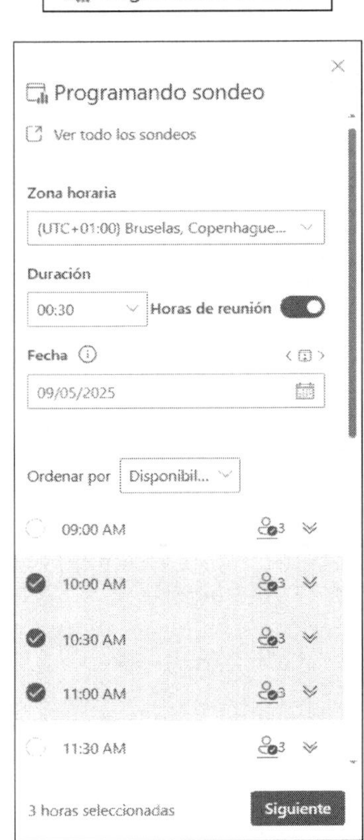

- A continuación, seleccione las franjas horarias que desea ofrecer y haga clic en **Siguiente**.

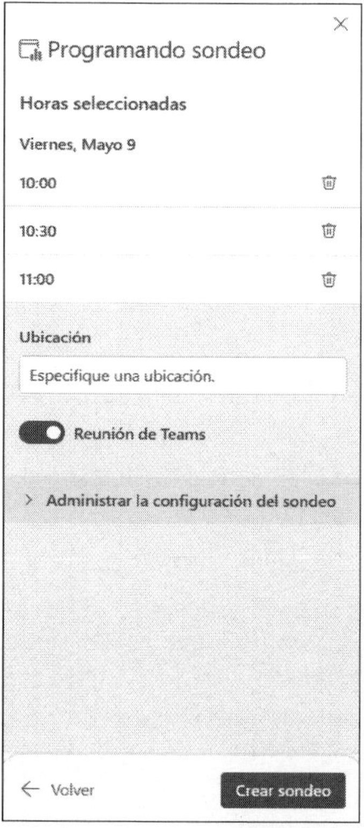

✎ Haga clic en **Crear sondeo**.

Una vez enviado, puede ver todos sus sondeos actuales y completados haciendo clic en el botón **Ver todos los sondeos**, que solo es visible para Vd. o a través de https://outlook.office365.com/findtime/dashboard.

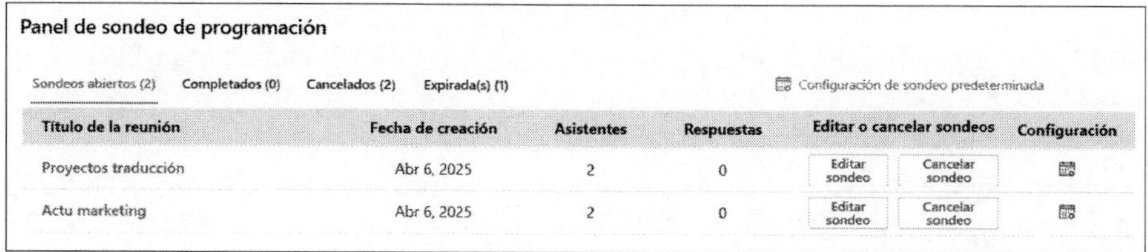

Panel de sondeo de programación

Sondeos abiertos (2) | Completados (0) | Cancelados (2) | Expirada(s) (1) | Configuración de sondeo predeterminada

Título de la reunión	Fecha de creación	Asistentes	Respuestas	Editar o cancelar sondeos		Configuración
Proyectos traducción	Abr 6, 2025	2	0	Editar sondeo	Cancelar sondeo	
Actu marketing	Abr 6, 2025	2	0	Editar sondeo	Cancelar sondeo	

Desde su calendario, entrando en cualquiera de las franjas reservadas para la cita objeto del sondeo, podrá gestionarlo: por ejemplo realizar un seguimiento de las personas que no hayan respondido mediante el botón **Enviar recordatorio**, sugerir nuevas franjas horarias mediante el botón **Proponer otra hora** o eliminar franjas horarias mediante el botón **Papelera de reciclaje** al final de la línea, por ejemplo:

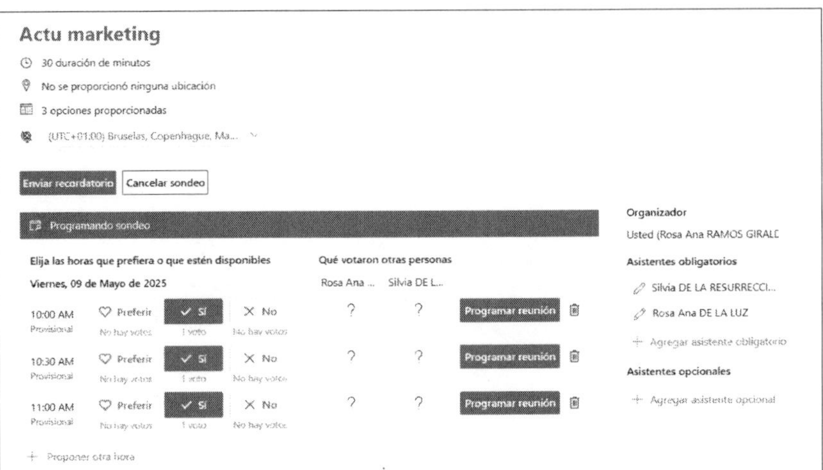

Esta herramienta es especialmente útil cuando se necesita sincronizar las agendas de varias personas que estan en una o varias empresas externas.

Asegúrese siempre de que los invitados internos estén disponibles antes de hacer una propuesta externa (por ejemplo, a través del Asistente de planificación).

2. Página de reservas (Bookings)

Cuando necesite concertar una cita con alguien, puede enviar su **Página de reservas** (Bookings). Esta herramienta también está integrada en Outlook y actúa como una plataforma personal de solicitud de cita previa. Está sincronizada con su agenda, de manera que no solo tiene en cuenta su horario laboral, sino también su disponibilidad en tiempo real.

Con Bookings, usted crea franjas horarias de disponibilidad. Defina los parámetros de estas franjas horarias según sus necesidades y permita que sus contactos reserven la que más les convenga.

Bookings le permite realizar ajustes avanzados sobre su disponibilidad. Hay citas públicas (que aparecen en su página de reservas) y espacios privados que puede compartir con determinados contactos.

Usted determina la duración de cada franja horaria, si quiere que esté disponible durante toda su jornada laboral o a una hora concreta (por ejemplo los martes por la mañana), y con cuánta antelación autoriza a una persona a concertar una cita con usted.

Empecemos por crear una página visible de Bookings:

En el calendario de Outlook para la web, bajo el calendario de la izquierda de la pantalla, haga clic en el segundo enlace (aquí **Ir a mi página de reservas**). Puede tener otros nombres, dependiendo de si ha activado o no el servicio. Aquí tiene un ejemplo:

El botón ***Ir a mi página de reservas***

Ahora que ha creado su página, así es como puede añadir una franja de disponibilidad.

- Cree un nuevo tipo de reunión haciendo clic en el botón 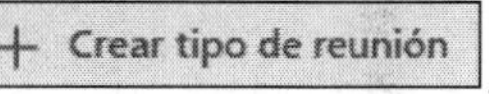

.
- Defina los parámetros:
  - título de la cita (tal como aparecerá en su agenda);
  - categoría (de entre las categorías de Outlook);
  - nota explicativa para orientar a sus contactos hacia el tipo de cita adecuado;
  - ubicación (o Teams);
  - duración de la cita;
  - ¿Esta cita estará disponible en su página de reservas o solo para las personas que tengan el enlace?

- ¿Qué horario se debe utilizar (su horario habitual si está disponible, u horarios concretos como por ejemplo los lunes por la mañana o los viernes?)
- Entre las opciones avanzadas, disponibles en la parte inferior del formulario a través del botón **Opciones avanzadas**:

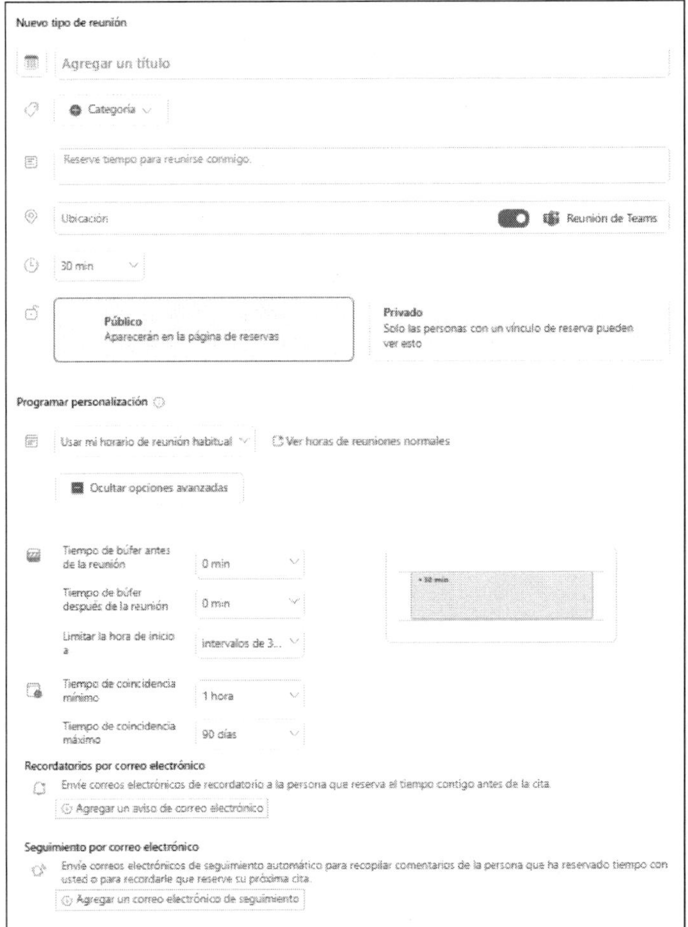

- ¿Añadir márgenes de tiempo antes y después de la cita para bloquear su agenda? Esto solo afectará a la suya, no a las de las personas que conciertan citas con usted.
- Intervalos de reserva: ¿cada cuántos se ofrece una franja horaria?
- Periodo mínimo de reserva: ¿se puede reservar con usted para dentro de una hora? ¿Un día? ¿Dos?

- Periodo máximo de reserva: ¿para los próximos 7 días? ¿Para el mes siguiente? ¿Los próximos tres meses? ¿El próximo año?
- ¿Quiere enviar uno o varios recordatorios a sus contactos?
- ¿Le gustaría enviar un correo electrónico automático a su contacto al final de la reunión (por ejemplo una encuesta de satisfacción)?

✎ Guarde su cita.

✎ Ahora puede compartir su página y todos los servicios que haya configurado haciendo clic en el botón **Compartir**. Podrá entonces copiar el vínculo compartido para incluirlo en un documento, compartirlo directamente por correo electrónico o añadirlo a su firma de correo electrónico:

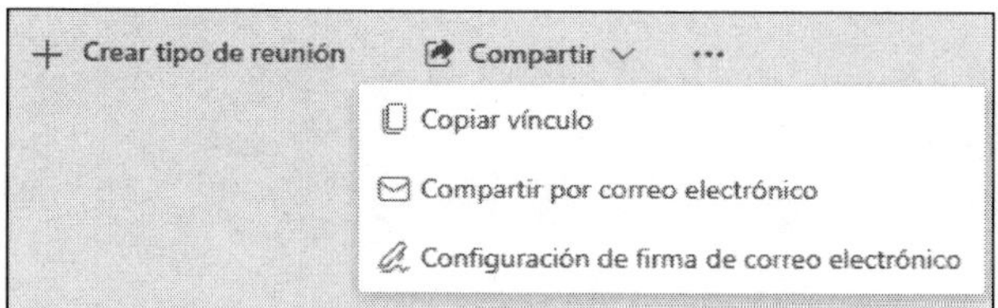

Para compartir un solo servicio en lugar de la página con todos (para guiar a su contacto hacia el servicio que mejor se adapte a sus necesidades), haga clic en el botón **Compartir tipo de reunión** del servicio en cuestión:

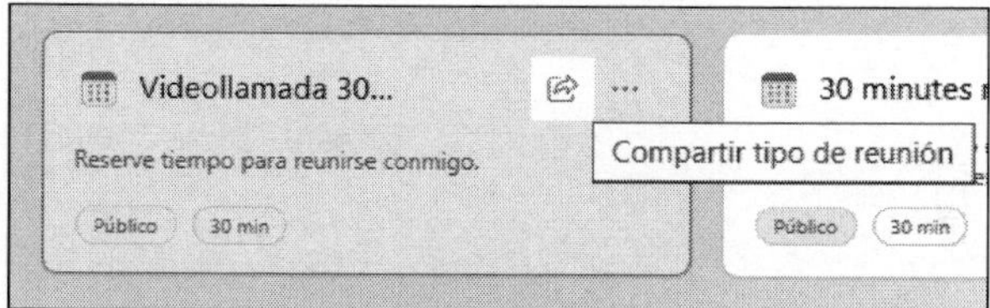

Las citas privadas también pueden compartirse así. Le permiten, por ejemplo, reservar franjas horarias para determinados usuarios específicos (personal de atención al cliente, VIP, proveedores, etc.). Aunque comparta su página de reservas completa, los usuarios no pueden acceder a los servicios privados sin tener su enlace directo. Este tipo de servicio puede estar dedicado a sus clientes actuales, o incluso a un cliente en concreto.

3. Página de reservas compartidas

Bookings también permite reservar citas a nivel de equipo. Puede acceder a esta funcionalidad desde su página de Bookings (desde la parte inferior de la pantalla), o desde el portal de Microsoft para la Web, ya que Bookings tiene su propia aplicación web.

Del mismo modo que para las reservas individuales, aquí puede crear franjas horarias para citas (llamadas **servicios**) que los usuarios pueden reservar a través de la misma interfaz que antes.

Sin embargo, a través de Bookings, puede asignar empleados a cada uno de sus servicios y decidir si el interlocutor puede elegir con qué empleado reservar una cita, si es el primero que esté disponible el que se asigna automáticamente al servicio o si todos los empleados asignados deben estar presentes en cada cita reservada.

Como en las citas individuales, el Servicio dirige a una franja horaria dedicada a una actividad concreta. Por ejemplo:

- **Servicio 1**: contacte con el Servicio de Atención al Cliente - De lunes a viernes, de 9.00 a 18.00 horas
- **Servicio 2**: contacte con contabilidad - martes y jueves por la mañana
- **Servicio 3**: Solución de problemas SOS - todos los días, de 9.00 a 14.00 horas

Este es el aspecto de una página de Bookings:

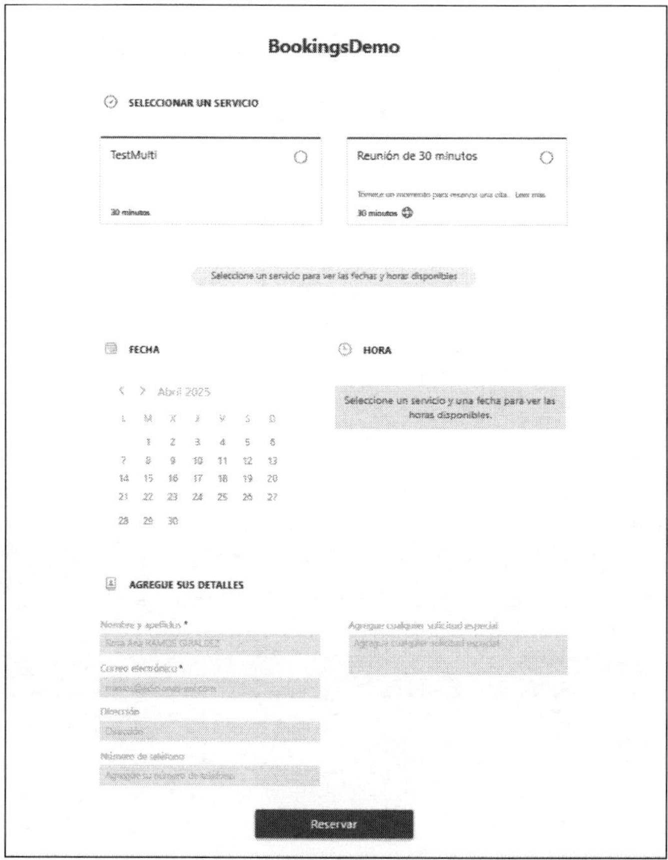

En la parte izquierda encontrará todas las opciones para configurar el grupo de trabajo (empleados) y los servicios ofrecidos:

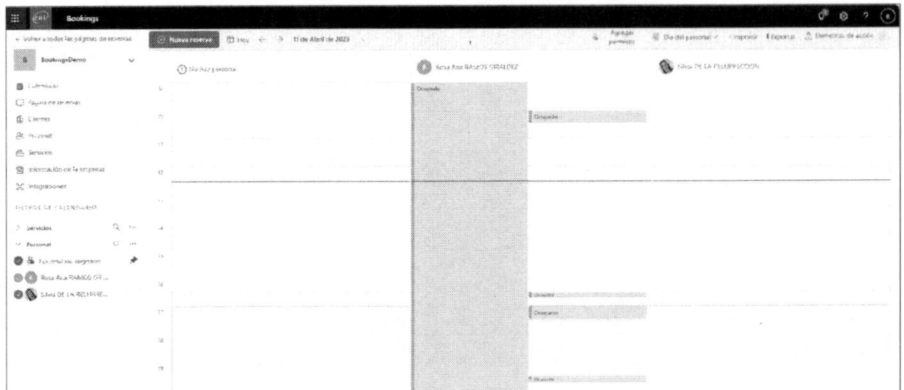

La pestaña **Calendario** permite visualizar las agendas de los/as empleados/as (para por ejemplo, bloquear citas con interlocutores con los que esté en línea) a través de la vista **Día del personal**, o de la vista global del calendario (por día, semana o mes), sobre todo cuando se utiliza para reservar webinars, y así conocer el índice de ocupación de cada sesión.

Las otras vistas existentes son la semana, la semana laboral y el mes.

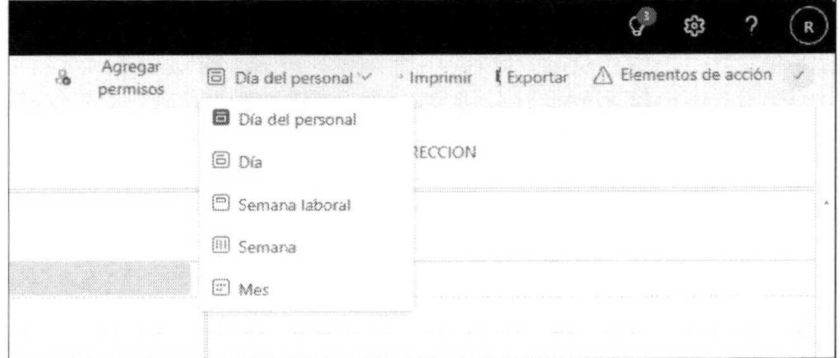

Desde el calendario, también puede **Agregar permisos** para un miembro o para todo el equipo. Esto se refleja en las agendas de cada uno/a de los empleados/as seleccionados/as, lo que le permite comunicar los cierres de centros o tener una visión global de las vacaciones.

Por último, desde el calendario, puede programar una nueva cita. La ventana de citas le permite seleccionar el servicio que desea:

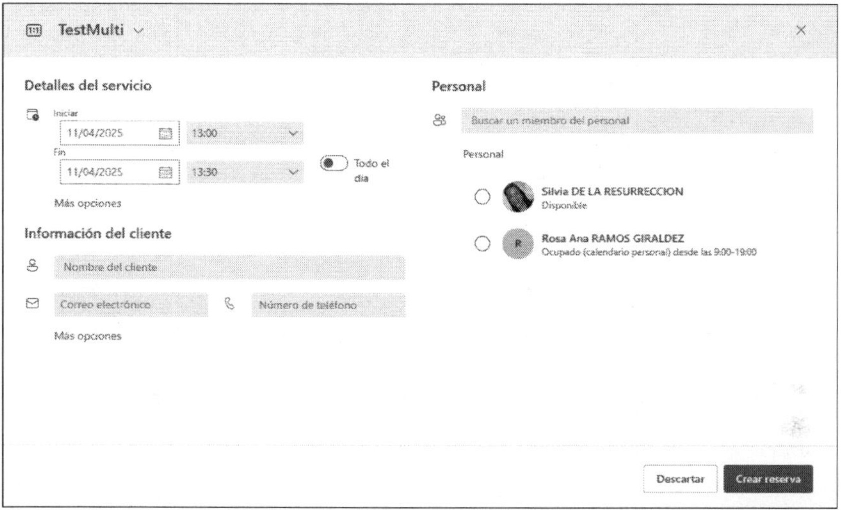

A continuación, puede definir los empleados a los que desea asignar este servicio e introducir manualmente los datos de contacto de su cliente. Desde esta pantalla (llamada **back office**), y a diferencia de la visible para su contacto (**front office**), puede modificar ciertos elementos del servicio (duración, recordatorios, etc.). Esta vista es especialmente útil si dispone de una secretaría (interna o subcontratada).

La siguiente pestaña le permite gestionar su Página de Reservas:

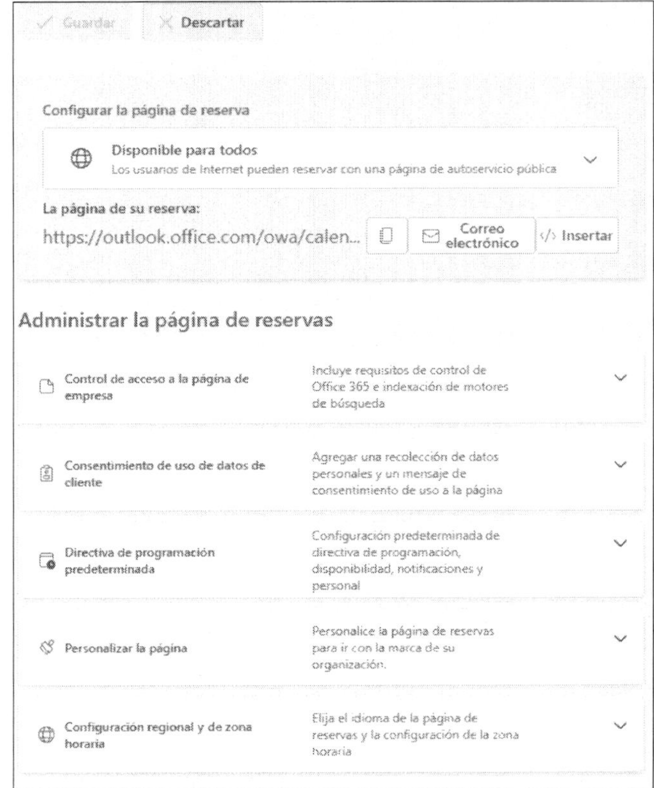

El primer bloque (**Configurar la página de reserva**) corresponde a las opciones de uso compartido: ¿desea que esta página este visible o no (autoservicio o uso exclusivo de su secretaría en el back office)? ¿Está abierta a personas ajenas a su organización o es un servicio de uso exclusivamente interno?

El segundo bloque (**Administrar la página de reservas**) le permite configurar la página del front-office: hacer que las citas sean seguras, dar su consentimiento para la recopilación de datos (y otras condiciones si es necesario), los ajustes predeterminados del servicio (duración, intervalos, notificaciones), pequeñas personalizaciones estéticas (color de la fuente, añadir un logotipo) y establecer la zona horaria y el idioma en el que se muestra su página.

Este último punto es muy importante: compruebe siempre que la zona horaria seleccionada se corresponde con la zona horaria de su empresa, o las horas mostradas en la página de reservas no serán las programadas en su agenda.

La pestaña **Clientes** es un directorio de personas que han reservado una cita. Aquí puede encontrar los datos de contacto introducidos en el momento de la reserva. Para uso administrativo, esto le permite concertar una nueva cita con un cliente existente sin tener que introducir sus datos de nuevo.

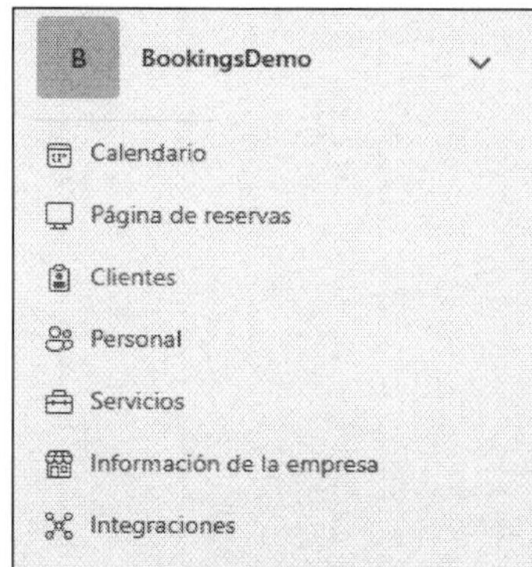

La pestaña **Personal** corresponde a las personas a las que va a asignar un servicio, las que se encargarán de realizar la cita. El personal puede ser interno o externo a su empresa. Sin embargo, la disponibilidad de los empleados externos (que no tienen una cuenta en su entorno), no se tendrá en cuenta. En otras palabras, si su "empleado externo" bloquea una cita en su agenda personal, fuera de Bookings, el servicio no identificará que no está disponible.

Pasemos a la pestaña **Servicios**. Aquí es donde puede establecer los tipos de citas disponibles para sus interlocutores utilizando el botón **Agregar nuevo servicio**.

Los ajustes del servicio son más completos en la versión de Bookings para equipos. Aquí le guiaremos a través de cinco pasos.

La primera consiste en definir la información general del servicio en la pestaña **Detalles básicos**:

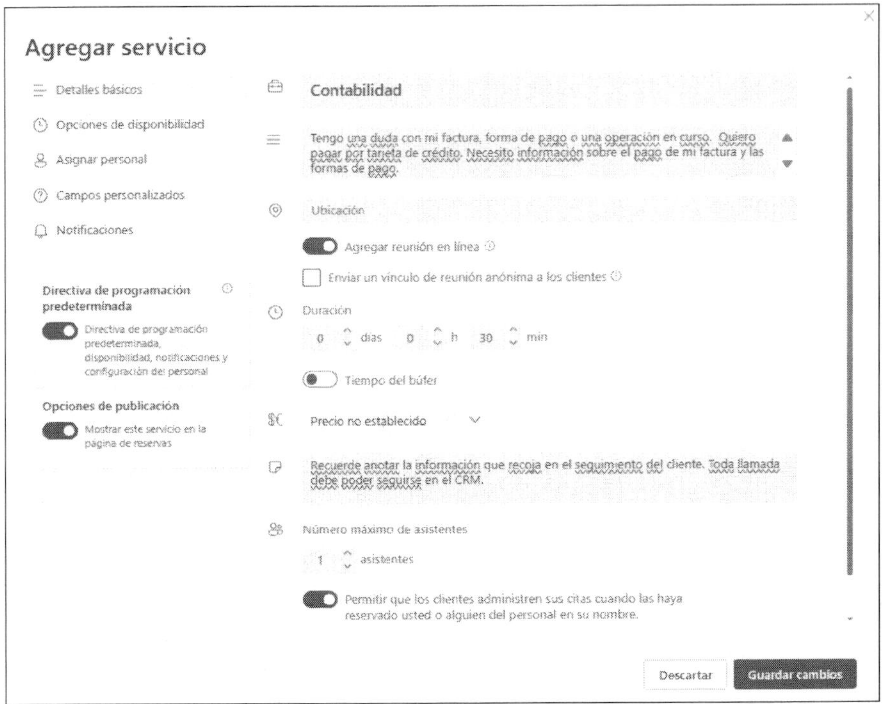

Nombre, descripción, reunión en línea o presencial, duración, tiempo del búfer, así como tarifas, notas internas para el personal que presta el servicio (recordatorios de procedimientos, proceso en caso de escalada de llamadas, etc.), número máximo de asistentes (para sesiones de grupo como webinars) y si su contacto está autorizado o no a modificar o cancelar la cita por su cuenta.

Tenga en cuenta que, aunque puede definir un precio, Microsoft no ofrece de forma nativa un módulo de pago o toma de huella de tarjetas de crédito. Por lo tanto, este campo es simplemente informativo.

El segundo paso consiste en definir el horario de apertura del servicio desde la pestaña **Opciones de disponibilidad**:

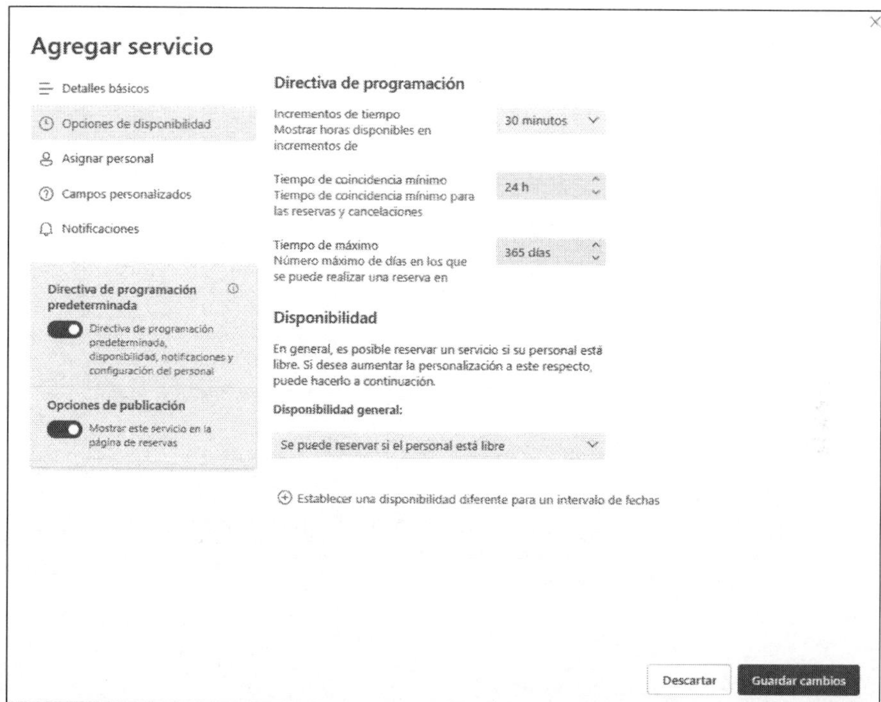

Por defecto, se tienen en cuenta los horarios introducidos en los ajustes generales de Bookings (duración, horarios de reserva), los del empleado (cuando está disponible) y los de la empresa (horarios de apertura, como veremos más adelante), aunque puede configurar estos parámetros de forma independiente para cada servicio.

Por ejemplo, puede decidir que un servicio solo esté disponible durante una semana concreta y a unas horas determinadas.

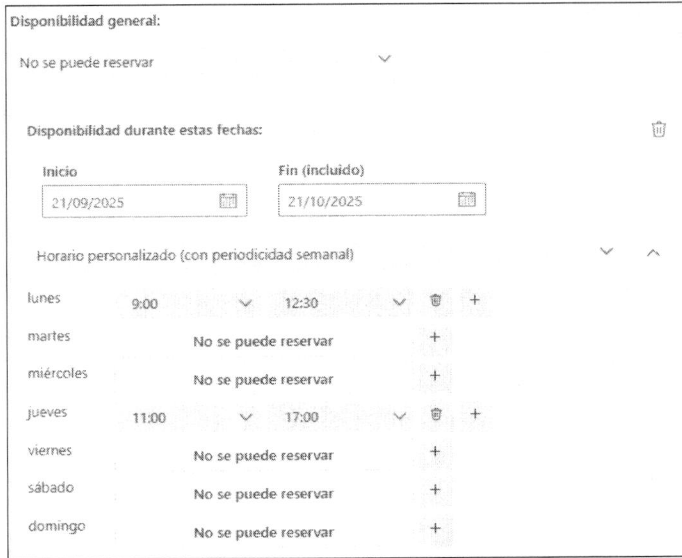

o a cualquier hora, pero solo los lunes, martes y jueves por la mañana:

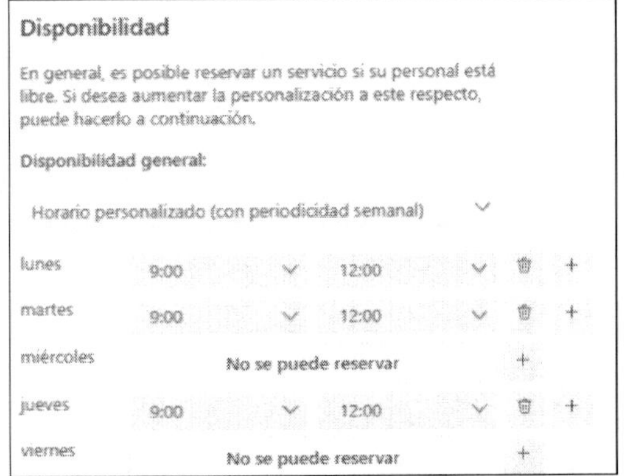

La pestaña **Asignar personal** se utiliza para asignar personal a un servicio. Dependiendo de sus necesidades, puede decidir si el interlocutor puede elegir entre los diferentes miembros del personal asignados, si se le asignará un miembro del personal al azar, o si todos los miembros del personal asignados deben estar disponibles para esta cita. Algunos ejemplos:

- Usted ofrece la posibilidad de concertar una cita con un comercial para el seguimiento de un caso. El interlocutor, que sabe quién es la persona encargada de su caso, selecciona la cita y, a continuación, elige a su comercial. La disponibilidad del comercial en cuestión se mostrará entonces en pantalla.

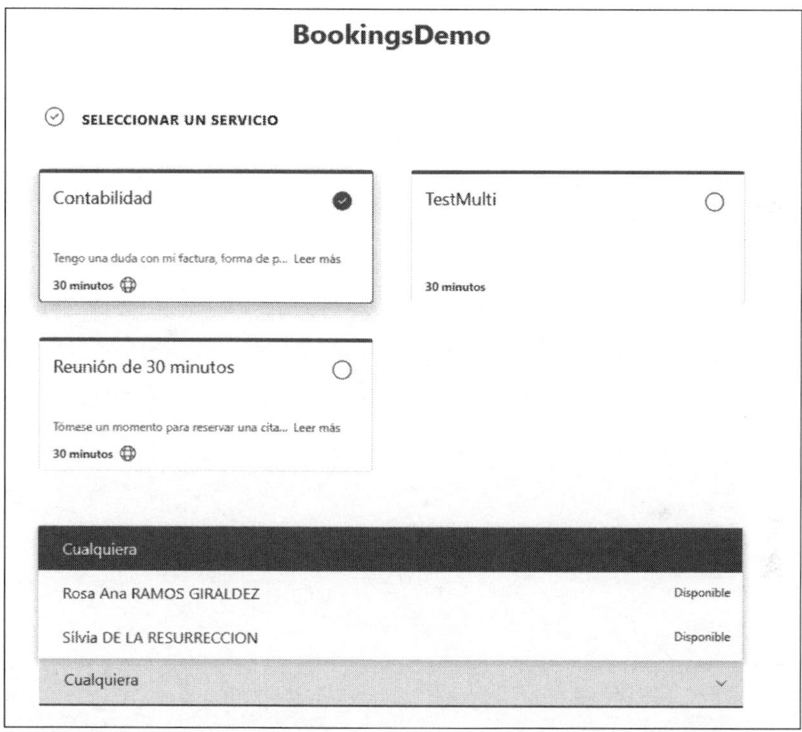

- Usted ofrece servicios de mantenimiento informático. Para maximizar el número de franjas horarias disponibles, no deja que sea el cliente quien decida quién se ocupará de su solicitud. Por tanto, las disponibilidades de todos los miembros del personal asignados al servicio se entremezclan y Bookings asignará la cita a la primera persona disponible en el horario seleccionado por su interlocutor.

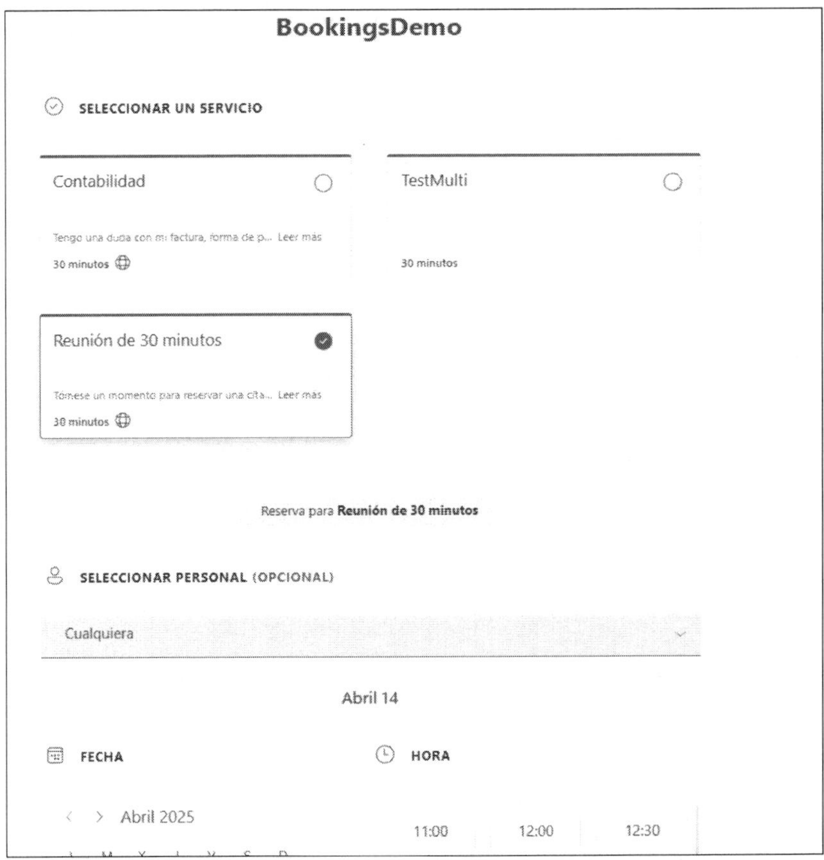

- Es Vd. asistente y debe planificar comités sobre temas concretos con contactos externos. Cada comité está representado por un servicio, y todo el personal asignado a él debe estar disponible en la fecha de la reunión. Por tanto asigna el servicio a todo el personal que seleccione y así no tiene que hacer malabarismos con las agendas cuando le llame un proveedor de servicios.

D. Conclusión

Cuando la colaboración es sencilla (solo compartir archivos, planificar reuniones y mensajería), Microsoft 365 le ofrece una serie de herramientas que facilitan y aseguran los intercambios con sus contactos externos.

Cuando se vuelve más complejo (uso de herramientas concretas relacionadas con el entorno, como Microsoft Loop o Planner), debe considerar una de las siguientes opciones:

- Utilizar una conversación de grupo para centralizar los intercambios.
- Crear un canal compartido en Teams para permitir la colaboración dentro de un equipo.
- Crear un estado de invitado para su contacto para añadirlo a un sitio SharePoint.
- Crear una cuenta interna para su contacto externo asignándole una licencia que le permita interactuar con todas sus aplicaciones.

La solución más fiable y segura siempre será asignar una licencia, aunque sea mínima, a los contactos externos que formen parte de un equipo de trabajo activo mientras dure el proyecto, para que no haya obstáculos durante la colaboración. Esta opción tiene un coste.

Para el resto de interlocutores, dé prioridad al correo electrónico (herramienta de trabajo con interlocutores externos) y a compartir archivos/carpetas debidamente identificados como compartidos.

Recuerde siempre que Vd. es el/la responsable de los archivos que comparte. Defina un marco acorde con las necesidades de con quien comparte (solo lectura o editables, descargables o no) y compruebe periódicamente que siguen estando actualizados.

Su lema debe ser: "la información adecuada, al público adecuado, en el momento adecuado". Ni más ni menos.

Capitulo 5

Excel no es la solución a todos piense en Lists

A. ¿Qué es Lists?

Las **listas de SharePoint** son áreas de almacenamiento de datos o, más sencillamente, bases de datos estructuradas. Al igual que Excel, una lista se compone de columnas y filas. Cada columna está condicionada a recibir un tipo determinado de datos y también se llama **campo**. Las filas, por su parte, se denominan **elementos de lista**. Una fila agrupa toda la información completada para cada campo (columna) de la lista, lo que la convierte en un elemento en sí mismo.

Las listas pueden completarse en modo Cuadrícula, como se haría con un archivo Excel, o mediante formularios, para mayor comodidad.

Utilizar una lista tiene muchas ventajas.

En primer lugar, para los usuarios que se inician en informática o que utilizan dispositivos que no son un PC (smartphone, tableta) para la introducción de datos, los formularios vinculados a las listas son nativamente responsive, lo que significa que su formato se adapta al tamaño de la pantalla en la que se utilizan.

Esto también reduce el riesgo de errores: cuando se utiliza un formulario, no hay riesgo de escribir en la línea equivocada sobre la marcha.

Por último, el uso de una lista permite aprovechar mejor los datos recogidos. Como las columnas son campos y solo aceptan un formato definido de datos, todos los datos recogidos en una columna están armonizados.

Por ejemplo, comparto un archivo Excel con mi equipo para preguntarles la fecha de inicio de sus vacaciones. Sus respuestas podrían ser:

- Alicia : 6 julio
- Josep: 06/07/24
- Cristina: primera semana de julio
- Biel: 7/6
- Elena: sábado 6 de julio

En mi ejemplo, todos estarán ausentes a partir del 6 de julio. Pero tengo que trabajar los datos a mano para verlo, porque cada uno ha introducido la información de forma distinta.

Si hubiera utilizado una lista de SharePoint, podría haber configurado un campo Fecha de inicio que solo pudiera rellenarse a través de un calendario. El formato de salida habría sido el mismo para todos, y habría visto todos los resultados a la vez utilizando la vista Calendario.

Además, cada elemento de la lista (cada línea) tiene su propio historial de modificaciones. Cada acción se registra en este historial, se enumera (quién, cuándo, qué), lo que crea una nueva versión del elemento, que puede restaurarse en caso de error. De este modo, sus datos están seguros, sobre todo si son muchos los que utilizan esta base de datos.

Elegir entre una lista y un archivo Excel es fácil: ¿necesita trabajar con cifras? Utilice Excel. Para todo lo demás, haga una lista.

B. SharePoint Lists vs Lists App

Las listas están disponibles desde varias aplicaciones: SharePoint, directamente a través de los sitios, y la aplicación Microsoft Lists (también disponible a través de Teams).

Logo de SharePoint

Microsoft Lists

Logos Lists

La versión "aplicación" permite crear listas tanto desde un sitio SharePoint como desde un espacio personal (que le es propio). También es más atractiva y fácil de usar para un usuario principiante.

✎ Para acceder a la aplicación Lists, vaya a su portal web de Microsoft 365 y selecciónela.

La versión de SharePoint hereda ciertas características disponibles en versiones anteriores de SharePoint. Algunas son compatibles con las nuevas experiencias de sitio (denominadas experiencias de sitio modernas) y otras no. La configuración de vistas específicas de versiones anteriores de SharePoint está reservada a usuarios avanzados y podría resultar limitante, especialmente en lo que se refiere a la creación de formularios personalizados. Algunos de estos conceptos se tratarán al final de este capítulo.

Para acceder a las listas desde SharePoint (si es miembro o propietario/a del sitio), tiene dos opciones:

- Haga clic en el botón **Nuevo elemento** de la página de inicio y seleccione **Lista**.
- Haga clic en el icono de la esquina superior derecha y, a continuación, en Site contents. Las listas están marcadas con este icono e identificadas como **Listas** en la columna **Tipo**.

Contenido Subsitios

Nombre	Tipo
Activos del sitio	Biblioteca de documentos
Biblioteca de estilos	Biblioteca de documentos
Documentos	Biblioteca de documentos
Plantillas de formulario	Biblioteca de documentos
Lista asistentes ExpoEdu'26	Lista

Antes de examinar las funciones de Lists, le recordamos las reglas que debe seguir para crear una base de datos eficaz:

- Una línea debe representar un único asunto/categoría/tema.

- La información solo debe introducirse una vez y reutilizarse cuando sea necesario.

- La información en una columna destinada a algún tipo de automatización o a utilizarse como clave de lectura en el análisis de datos debe tener siempre el mismo formato.

- Cuanta menos libertad tenga el usuario para introducir texto, menos errores cometerá (reduzca al mínimo los campos de entrada libre).

- Tenga cuidado con los datos que recopila y el tiempo que se conservan (usted es el garante del cumplimiento del marco legal vigente). Si trata datos personales, no olvide hacer un curso sobre el Reglamento General de Protección de Datos (RGPD) disponible en línea en sitios oficiales de protección de datos de su país..

Para crear una lista desde la aplicación Lists:

✎ Haga clic en el botón **Crear nuevo**.

La aplicación ofrece varias formas de empezar:

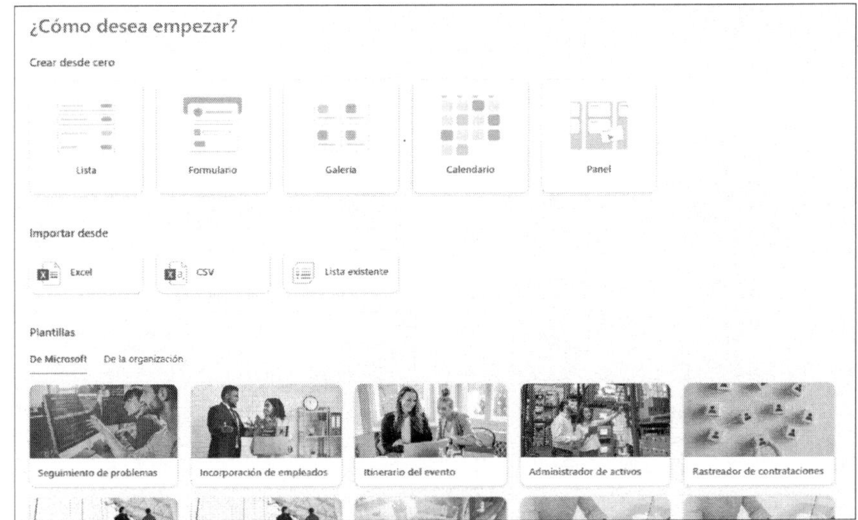

- crear una lista en blanco para empezar de cero;
- utilizar la estructura de una lista existente;
- crear su lista a partir de un archivo Excel o CSV existente;
- enpezar a partir de una plantilla.

✎ Elija una de las opciones y defina los detalles de su lista:

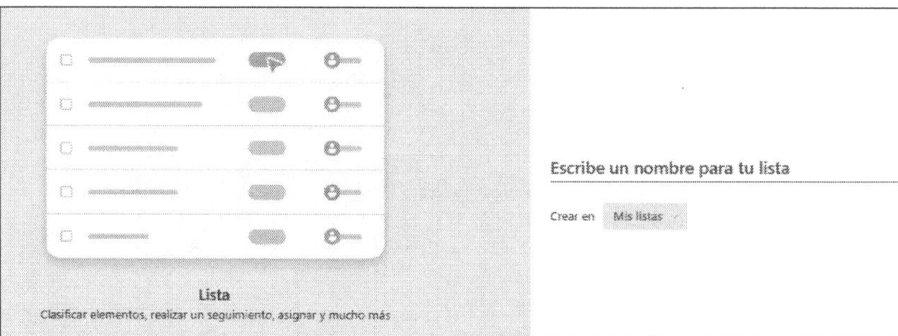

- Elija un nombre corto y evocador.
- Elija dónde quiere guardar la lista:
  - **Mis Listas** es un espacio dedicado en un entorno privado de SharePoint, comparable a OneDrive. Esta opción solo debe utilizarse para documentos de trabajo para los que no tenga una necesidad concreta de automatización o uso compartido.
  - **Sitios recientes** (sitios de SharePoint a los que pertenece y en los que ha trabajado recientemente).

✎ Una vez creada la lista haga clic en el botón en la parte superior derecha para mostrar otras opciones de configuración:

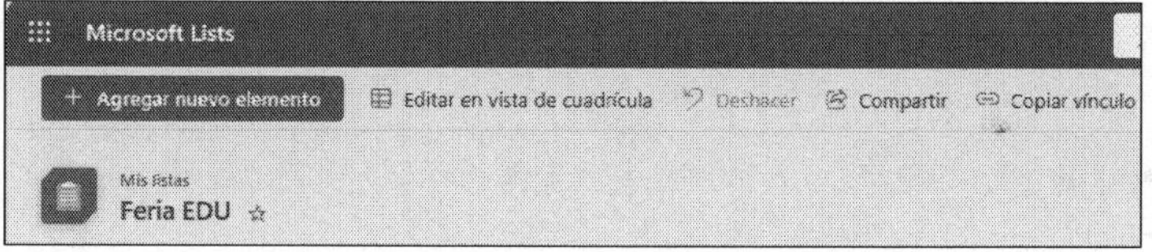

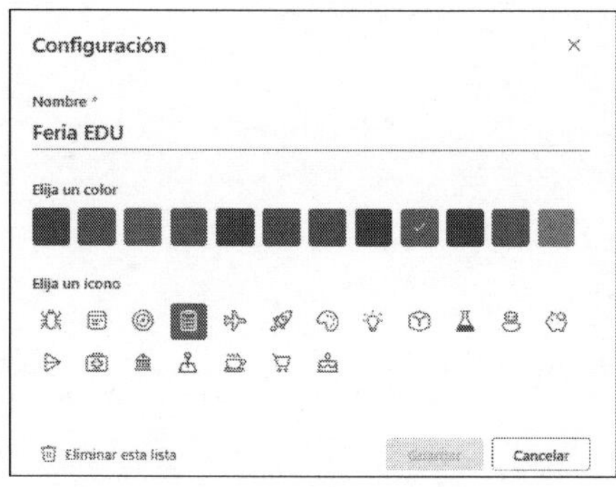

- Elija un color y un icono para que sea reconocible en el menú de inicio de la aplicación (no tiene mayor repercusión, esta elección es estética y puede cambiarse después).

Para crear una lista a partir de un sitio SharePoint:

- Desde la pantalla de inicio del sitio SharePoint, o desde la pestaña **Contenido del sitio**, haga clic en el botón **Nuevo** y seleccione la opción **Lista**.

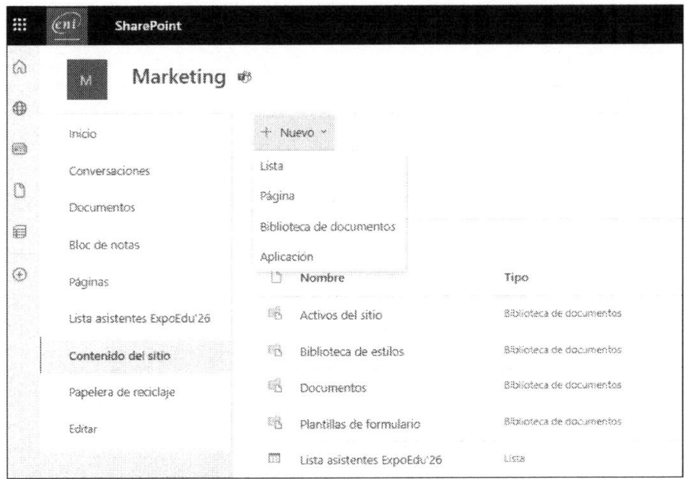

- Las siguientes opciones son idénticas a las anteriores, a excepción de la elección del sitio, que ya ha elegido.

Todas sus listas, independientemente del sitio en el que estén alojadas, estarán disponibles desde la aplicación Lists. Las listas que cree desde la aplicación también estarán disponibles dentro de los sitios de SharePoint en los que estén alojadas, desde el menú de navegación o la pestaña **Contenido del sitio**.

C. Campos posibles

1. ¿Qué es un campo?

Siguiendo con el paralelismo con Excel, un campo equivaldría a una columna, y ahí se acaba la comparación. Excel permite formatear ligeramente las celdas, utilizando formatos predefinidos (fecha, moneda) pero dejando al usuario libertad para introducir casi lo que quiera. Con Lists, se armoniza la introducción de datos: se limita la libertad del usuario imponiéndole un único formato de entrada y guiando sus acciones.

Por ejemplo: pregunta a un usuario: "¿Cuándo estás disponible esta semana? Algunos ejemplos de respuestas pueden ser:

- El lunes,
- El Lunes,
- Estoy disponible el lunes,
- el día 7,
- 07/07/2025.

En esencia, la respuesta es la misma. Sin embargo, es imposible que pueda cotejar la información de forma automática.

Veamos cómo las distintas opciones de columna de Lists pueden ayudarle a solucionar este problema.

2. Campos de texto

Hay dos tipos de campo de texto: **Una sola línea de texto** y **Varias líneas de texto**. Empecemos por el primero.

Se trata de un campo básico, y el principio es el mismo que en Excel: se introduce lo que se desee, en una sola línea (por defecto 255 caracteres, espacios incluidos).

Deberá utilizar este campo cuando el usuario necesite dar una respuesta personalizada o cuando haya demasiadas opciones como para utilizar un menú desplegable (por ejemplo, no quiere listar todos los nombres de pila que existen y sus diferentes grafías).

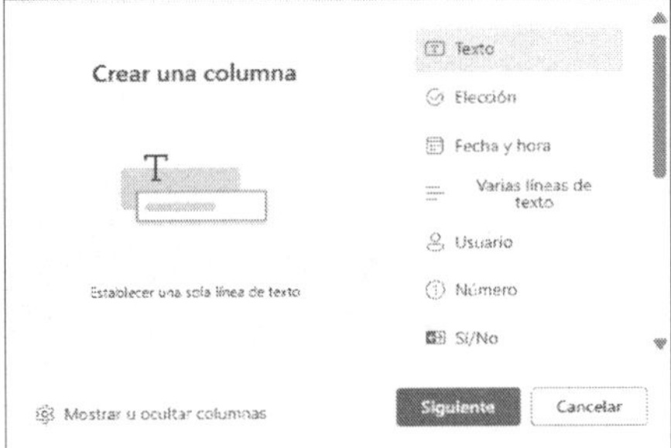

Crear una nueva columna de texto

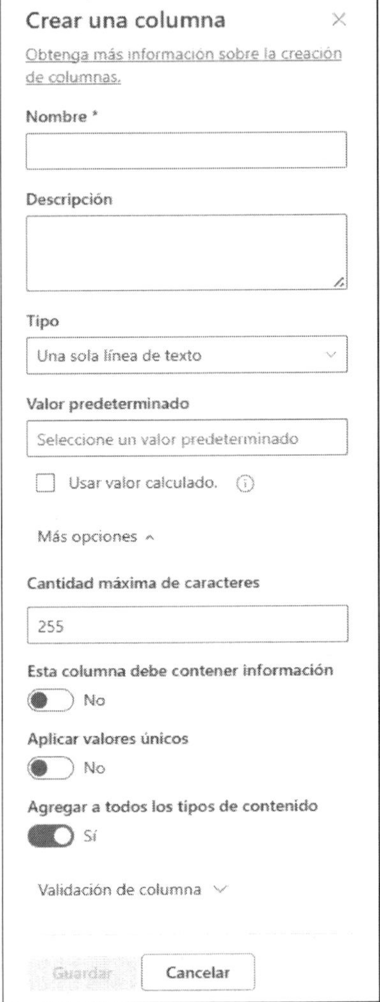

Detalle de las posibilidades

Este campo es muy sencillo, por lo que es una oportunidad para definir buenas prácticas:

- Si su objetivo es utilizar esta lista para la automatización de Power Automate (lo veremos más adelante), utilice una etiqueta sin espacios ni caracteres especiales. Por ejemplo, utilice NombreCliente en lugar de Nombre Cliente.
- Utilice la descripción para guiar al usuario en el proceso de introducción de datos. No olvide que el usuario es libre de escribir lo que quiera. Indique por ejemplo **En mayúsculas, en formato 00 00 00 00** o **Sin acentos**.

  Esta información aparecerá en el formulario (vea el apartado La mejor vista – Los formularios) y reducirá el riesgo de errores. También puede utilizarla para concretar lo que se pide: **Detalle todos los nombres que figuran en su documento de identidad**.
- Utilizar el valor por defecto ahorra tiempo al usuario. Sin embargo, no es la mejor opción en el caso de los campos de texto, que donde el usuario es libre de escribir lo que quiera.
- Puede requerir que **Esta columna debe contener información**. Esta opción impide que el usuario guarde la entrada si ha dejado este campo en blanco. También muestra un mensaje bajo el campo si el usuario no lo ha rellenado e intenta guardar la entrada (vea el apartado La mejor vista – Los formularios).
- La opción **Aplicar valores únicos** debe utilizarse con cuidado. Es ideal para las nomenclaturas, para no utilizar nunca dos idénticas y evitar errores. Pero puede ser un quebradero de cabeza en muchos casos (nombre, apellidos...).

Los campos de varias líneas de texto son más complejos. Como su nombre indica, permiten añadir varias líneas de texto. También permiten hacer un "retorno de carro" (o salto de línea, utilizando la tecla ⏎ del teclado). Ofrecen una gran variedad de opciones:

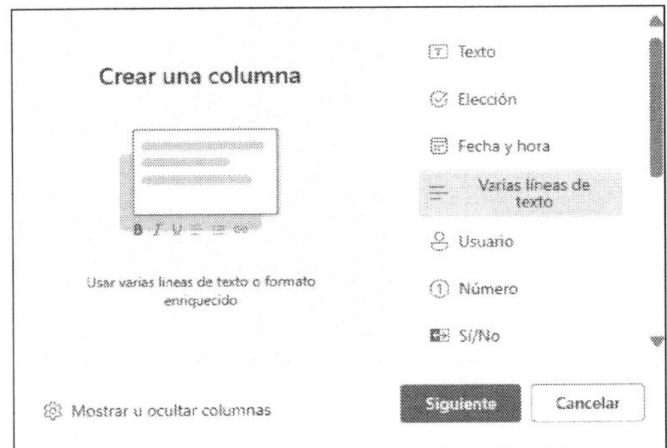

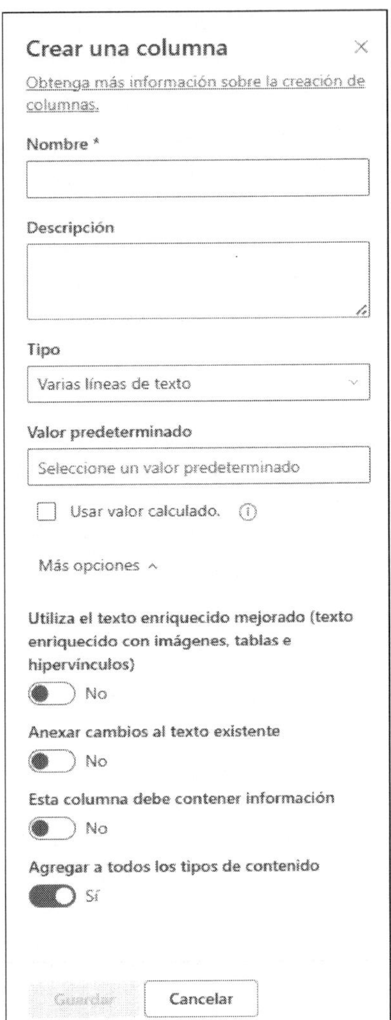

Añadir una columna de tipo ***Varias líneas de texto***

- Texto sin formato (por defecto): es la configuración básica. Puede añadir texto en varias líneas y hacer retornos de carro. No admite ningún tipo de formato.

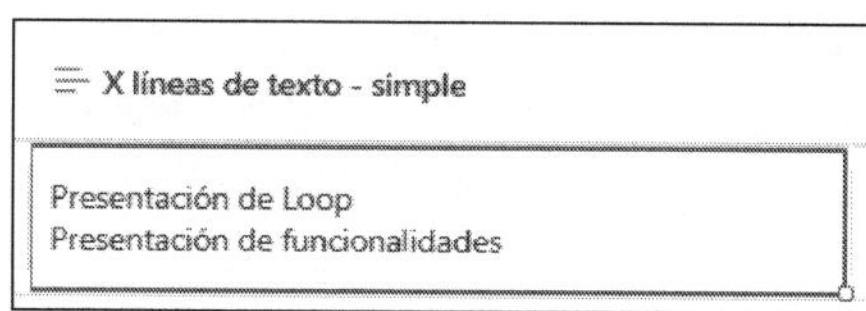

Aspecto de las celdas de texto sin formato

- **Texto** enriquecido (**Utiliza el texto enriquecido mejorado**): además de las funciones del texto sin formato, el texto enriquecido incluye etiquetas HTML que permiten aplicar determinados formatos (tamaño de letra, colores, negrita, cursiva, subrayado, tachado, listas con viñetas o numeradas, alineación, sangría e inserción de hipervínculos)

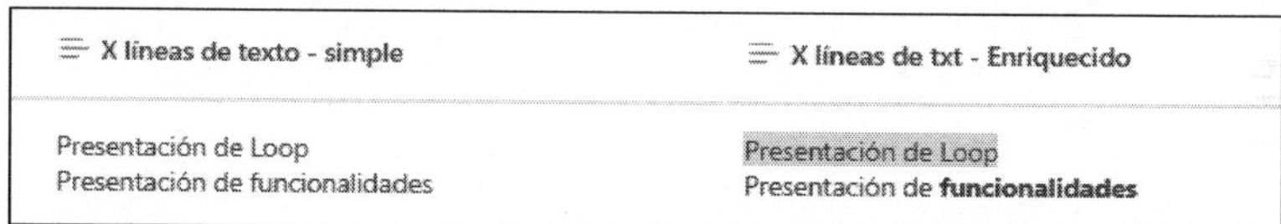

*Aspecto de las celdas con la opción **Utiliza el texto enriquecido mejorado (texto enriquecido con imágenes, tablas e hipervínculos)** en la lista y en los formularios*

- **Comentarios (Anexar cambios al texto existente)**: en texto sin formato o mejorado, esta opción permite añadir notas con fecha y hora y con el nombre del usuario. Esto puede utilizarse, por ejemplo, para hacer un seguimiento de los archivos. Una vez guardado un mensaje (comentario), ya no se puede modificar.

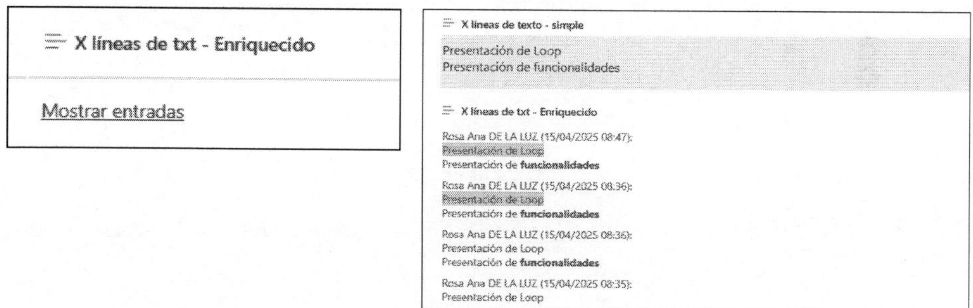

*Aspecto de las celdas con la opción **Anexar cambios al texto existente** en la lista y en los formularios*

Por regla general, los campos de texto deben utilizarse como fuente de información, pero nunca como claves de lectura. Conviene utilizarlos con moderación y asociarlos a campos más restrictivos, que permitan analizar los datos.

En una base de datos, una clave es una referencia única utilizada para referirse a un elemento. En Lists, por ejemplo, cada línea se identifica por su propio ID único. Si se borra la línea, el ID (que sirve de clave) nunca se reasignará. Por tanto, este ID puede utilizarse como referencia para una línea de la lista.

3. Campos numéricos

Un campo numérico es un tipo de campo que solo admite caracteres numéricos (1, 2, 3, 4, 5, 6, 7, 8, 9) y un separador (una coma o un punto dependiendo del país). Esto garantiza que los datos introducidos puedan reutilizarse para realizar cálculos, como sumas o multiplicaciones.

- También puede determinar si acepta o no decimales, establecer cuántos y elegir entre distintos símbolos para que se muestren junto a los números que introduzca:

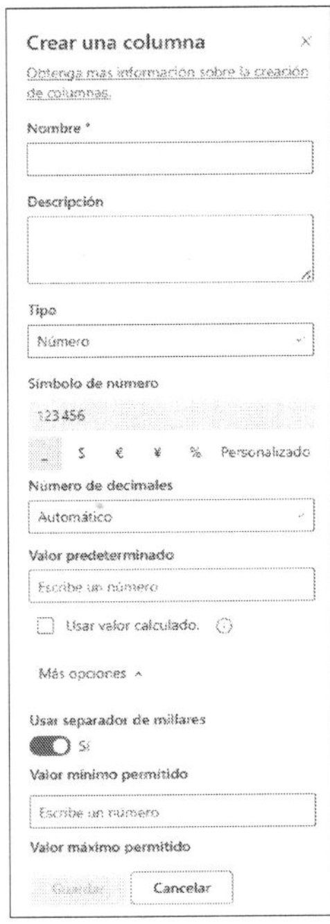

- La opción **Símbolo de número** le permite añadir un símbolo personalizado y elegir su posición (a la izquierda (L) o a la derecha (D) de la entrada):

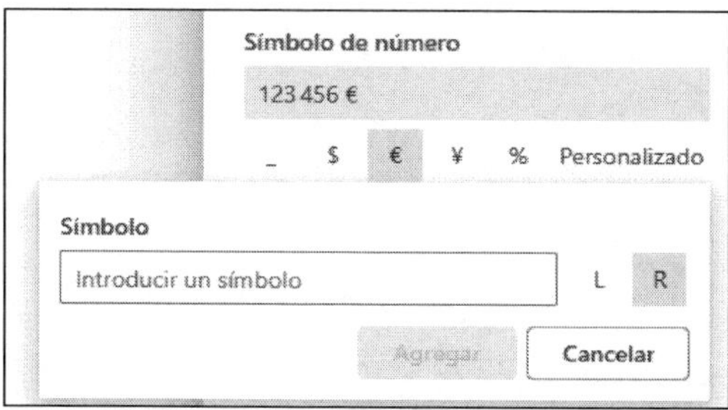

Elija lo que elija, se trata solo del formato.

- En la sección de ajustes avanzados (**Más opciones**), puede determinar si desea o no utilizar el separador de millares y elegir un valor mínimo o máximo permitido (por ejemplo, entre 0 y 10):

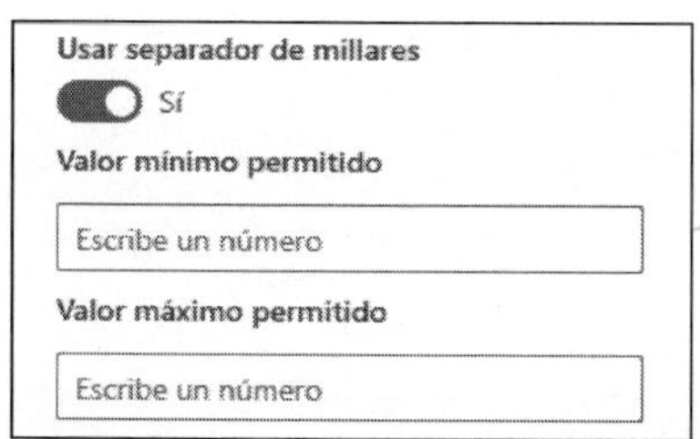

- Seleccione el tipo de moneda si desea mostrar los números en formato de moneda:

*Campo **Número***　　　*Campo **Moneda***

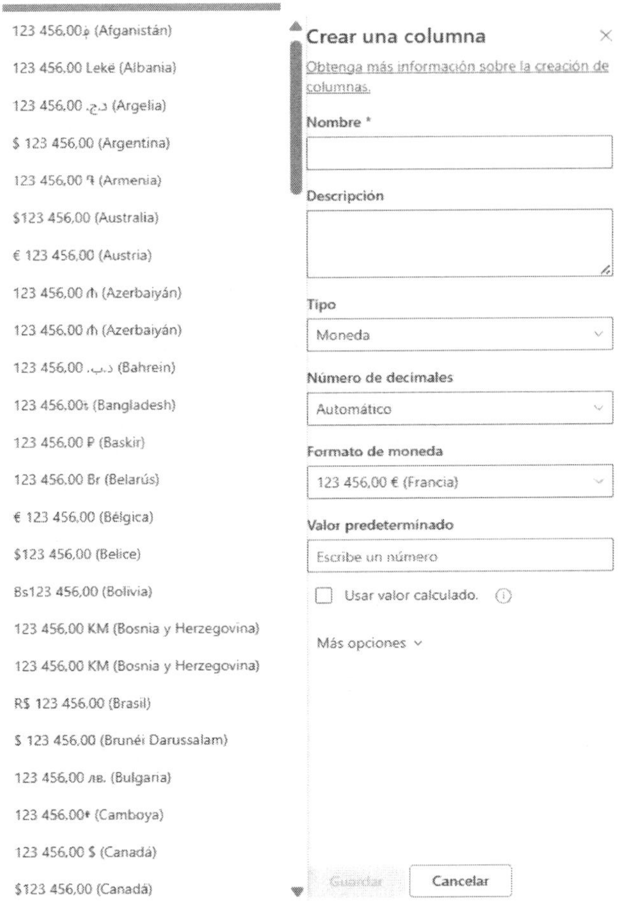

123 456,00؋ (Afganistán)
123 456,00 Lekë (Albania)
123 456,00 د.ج. (Argelia)
$ 123 456,00 (Argentina)
123 456,00 ֏ (Armenia)
$123 456,00 (Australia)
€ 123 456,00 (Austria)
123 456,00 ₼ (Azerbaiyán)
123 456,00 ₼ (Azerbaiyán)
123 456,00 د.ب. (Bahrein)
123 456,00৳ (Bangladesh)
123 456,00 ₽ (Baskir)
123 456,00 Br (Belarús)
€ 123 456,00 (Bélgica)
$123 456,00 (Belice)
Bs123 456,00 (Bolivia)
123 456,00 KM (Bosnia y Herzegovina)
123 456,00 KM (Bosnia y Herzegovina)
R$ 123 456,00 (Brasil)
$ 123 456,00 (Brunéi Darussalam)
123 456,00 лв. (Bulgaria)
123 456,00៛ (Camboya)
123 456,00 $ (Canadá)
$123 456,00 (Canadá)

Crear una columna
Obtenga más información sobre la creación de columnas.
Nombre *
Descripción
Tipo
Moneda
Número de decimales
Automático
Formato de moneda
123 456,00 € (Francia)
Valor predeterminado
Escribe un número
Usar valor calculado.
Más opciones
Guardar
Cancelar

Los campos numéricos también son útiles si quiere utilizar su lista como base de datos para un informe de Power BI (consulte el apartado Analizar - Generar un informe de Power BI en unos clics).

4. Archivos adjuntos y enlaces

Las listas permiten almacenar archivos directamente en elementos (ítems). Antes de continuar, tenga en cuenta que no debe utilizar Lists como una biblioteca (consulte el capítulo Microsoft 365, coordinador de colaboración - Objetivo: cero correo interno - Bibliotecas (SharePoint)). Los documentos almacenados en las listas deben complementar al propio elemento. Podría ser una foto para un catálogo de productos o una factura en formato PDF para el seguimiento de facturación. A diferencia de los archivos almacenados en una biblioteca, no se dispondrá de historial para los archivos adjuntos de los elementos. Por lo tanto, es preferible utilizar archivos que no puedan modificarse y que no se estén utilizando en una colaboración activa.

Existen varias formas de adjuntar un archivo a un elemento de la lista.

La primera es utilizar el campo **Datos adjuntos**:

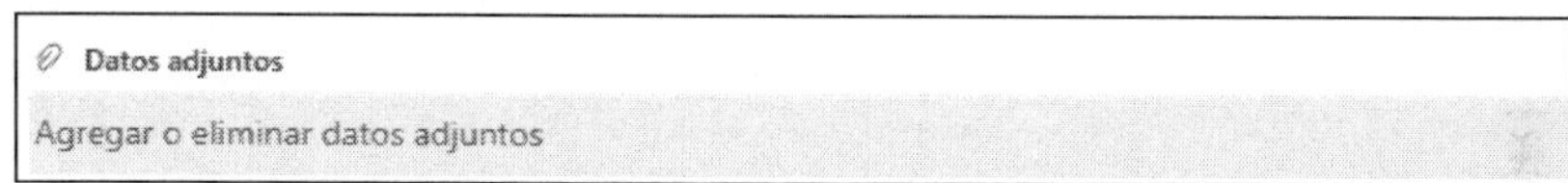

Este campo es uno de los predefinidos que se crean a la vez que su lista. Admite todo tipo de archivos (Word, Excel, PowerPoint, OneNote, HTML, imágenes, PDF, etc.). Los archivos importados se almacenan en el elemento. Un icono indica los elementos que contienen un archivo adjunto en la lista.

Solo puede utilizar este campo como filtro (consulte el apartado La mejor vista de este capítulo) con la condición incluye un adjunto **Sí/No**:

- Cuando utilice la lista, para acceder al archivo adjunto, abra el elemento y haga clic en el nombre del archivo, que se abrirá en una nueva ventana.
- Para adjuntar un archivo a un elemento de la lista, también puede utilizar un campo de **imagen**. Esto tiene la ventaja de mostrar la imagen directamente en las vistas de lista.

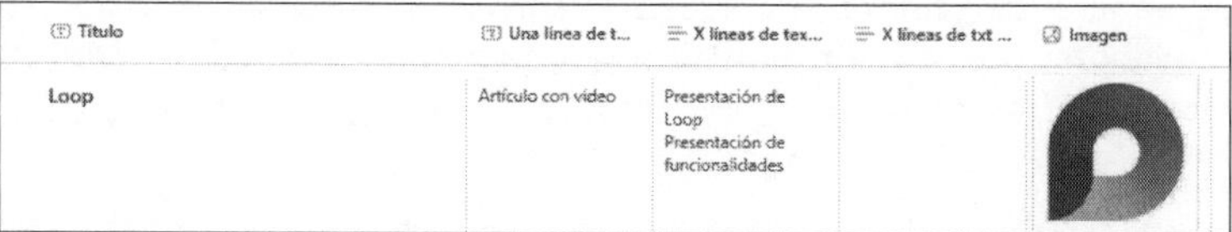

Resulta muy útil en el caso de catálogos, organigramas... Los únicos formatos admitidos son .jpg, .jpeg y .png.

La última opción es utilizar una columna de enlace **hipertexto**. Esta opción le permite alojar su archivo en un sitio de SharePoint (preferentemente el mismo que el de su lista, por cuestión de derechos de acceso) y vincular un archivo (o carpeta) de una biblioteca a su lista. También puede establecer un nombre corto para el enlace directamente desde el formulario.

Vínculo
http://www.ediciones-eni.com
Texto para mostrar
Ver la web

Esta última opción es la mejor si necesita añadir un enlace a un archivo de trabajo, una tarea, un correo electrónico, etc.

Esto le permite acceder fácilmente a un archivo desde un elemento que lo menciona, asegurando el seguimiento a la versión correcta en su biblioteca. De este modo obtendrá lo mejor de ambas herramientas: las bibliotecas de SharePoint para los archivos y las listas de SharePoint para los datos.

También le permite almacenar el archivo en una sola ubicación, lo que evita sobrecargar su espacio de almacenamiento y el de su empresa, o multiplicar el número de versiones del archivo, lo que puede ser fuente de errores.

Por ejemplo: María envía un archivo Excel a su equipo: Pedro, Pablo y Santiago. Pedro envía una V2 a María sin que Pablo esté en copia. Una hora más tarde también envía un V2 a María, poniendo en copia a todos los demás. Santiago rebota el correo electrónico de Pablo y envía un V3. Es probable que los datos de Pedro no se tengan en cuenta. Cuando se da cuenta, tiene que volver a introducirlos en el archivo de Santiago y envía un V4. Resultado: 5 archivos, diez correos electrónicos (copias incluidas) y una doble entrada como mínimo.

Ahora con SharePoint: María da a sus equipos un archivo Excel en el sitio de SharePoint. Añade el enlace al archivo a una lista de SharePoint dedicada al seguimiento del trabajo en curso, con una fecha de presentación, la lista de personas que tienen que trabajar en el tema y el estado "**Pendiente de corregir**". Pedro y Santiago la rellenan a la vez utilizando Live Collaboration. Más tarde, Pablo también añade sus datos. De este modo, es posible saber quién ha cambiado qué y cuándo, en un único archivo.

5. Las fechas

Las columnas de fechas permiten a la vez homogeneizar la introducción de datos y mostrar un calendario (selector de fechas) para ayudar a los usuarios a introducirlas:

Un selector de fechas

Estos campos pueden presentarte en formato de **Fecha y hora (clásico)**, en formato **Fecha y hora (formato compatible)** o incluir la hora (ideal por ejemplo cuando se trata de una cita):

Fecha (clásica)	Fecha (compatible)	Fecha hora
19/07/2025	19 de julio	19/07/2025 09:30

El uso de estos campos le permite acceder a las vistas del Calendario y crear alertas y recordatorios. Volveremos sobre esto en la próxima sección.

6. Ubicaciones

En SharePoint Lists hay disponible un campo de geolocalización (el campo **Ubicación**) oor defecto en SharePoint Online (el sitio). La geolocalización está directamente vinculada a **Bing Maps** (el servicio de mapas de Microsoft) y es capaz de identificar una ubicación o dirección y de extraer determinada información (nombre de la dirección, calle, código postal, ciudad, país, latitud, longitud, etc.).

Sin embargo, debe tener cuidado: introduzca la dirección o el nombre del lugar que busca (El Corte Inglés, McDonald's...) despacio para que aparezcan las sugerencias. A continuación, seleccione solo las sugerencias completas:

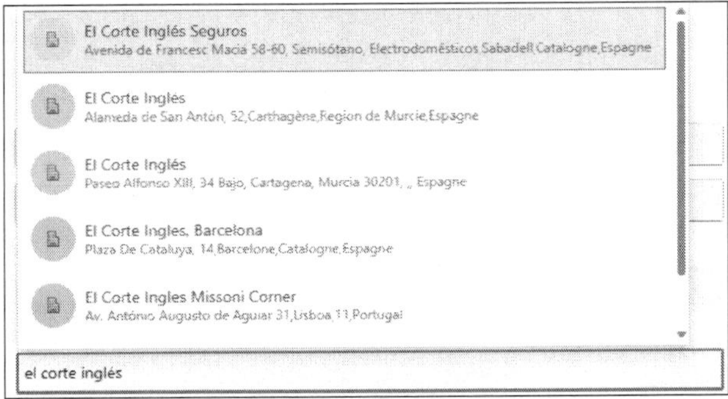

Si no encuentra la dirección que quiere y fuerza la entrada (lo que técnicamente es posible), la columna recordará su entrada como el nombre de la dirección y no podrá rellenar el resto de datos.

Esto podría tener consecuencias según el uso que quiera hacer después con los datos (por ejemplo crear itinerarios, lo que solo funciona si existen las coordenadas GPS y solo existen si los elementos se han seleccionado de la lista).

7. Opciones

Pasemos a los campos que más utilizará, los campos de elección (u opción). Existen tres tipos:

- Opciones únicas:

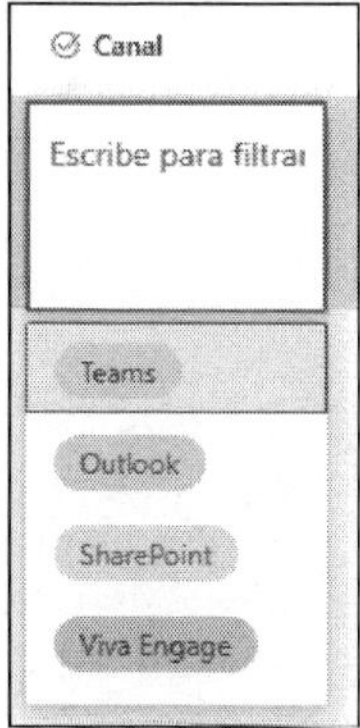

- Opciones múltiples:

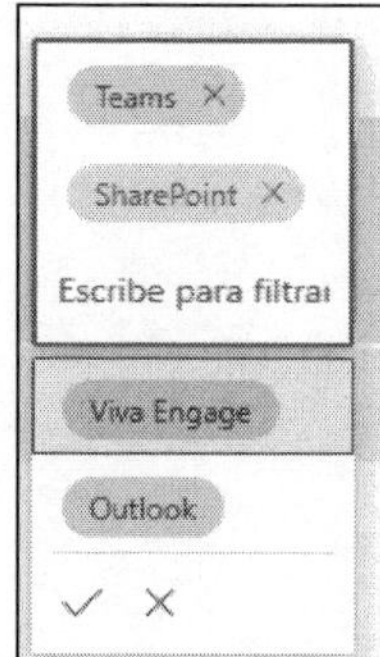

- Campos Sí/No:

Su funcionamiento es sencillo: al usuario se le presenta una lista de opciones, de longitud variable, y debe seleccionar una o varias en función del tipo de campo.

Estos campos deben utilizarse cuando se trata de una lista limitada de opciones que tendrá que introducir manualmente, y no se dispone de orden automático (alfabético u otro). Cuando se trata de muchas opciones, utilice en su lugar los campos de búsqueda (consulte el apartado Campos posibles – Las búsquedas).

Las **opciones únicas** son la mejor forma de organizar los datos ya que facilitan el filtrado y la agrupación de los elementos. Por ejemplo, los campos de opción única pueden utilizarse para configurar una vista de tabla (consulte La mejor vista - Las vistas) y son ideales para ordenar elementos (estado de avance, herramienta o recurso asignado, etc.).

Las **opciones múltiples** deben utilizarse con cuidado. Por ejemplo, no pueden utilizarse para flujos de Power Automate (consulte la sección Automatizar) o vistas de tabla (consulte La mejor vista - Vistas).

Las opciones **Sí/No** permiten filtrar rápidamente los elementos y son muy útiles para activar los flujos de Power Automate (consulte la sección Automatizar). Se utilizan cuando hay información no esencial para el tratamiento de los datos que interviene en varias categorías (como por ejemplo los detalles del estado de un elemento de la lista, con una columna de una sola opción ("Por hacer", "En curso", "Terminado") y otra columna de varias opciones ("Bloqueado", "En espera de devolución del cliente", "En espera de validación", "En espera de devolución del proveedor", etc.).

Para las columnas de una opción única, puede decidir si utilizar un menú desplegable o un botón de opción (el mismo principio que para un campo Sí/No). También puede utilizar un valor por defecto para cada una de las columnas de elección, lo que puede facilitar la cumplimentación del formulario (consulte La mejor vista – Las vistas).

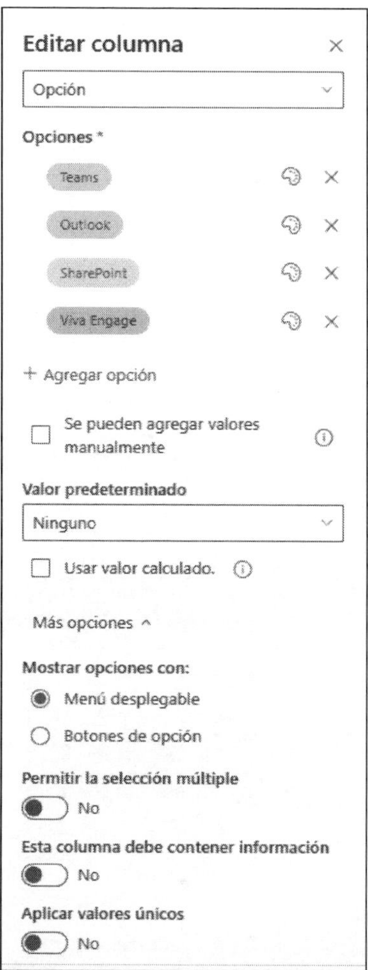

El color o de las cápsulas de elección (o que no lo haya) puede personalizarse para facilitar la lectura de las listas (pero tenga cuidado de no abusar de ellos).

- En el editor de columnas, haga clic en el icono situado a la derecha de la fila que desee seleccionar:

- Seleccione el estilo que prefiera o Sin estilos para cancelar el formato.

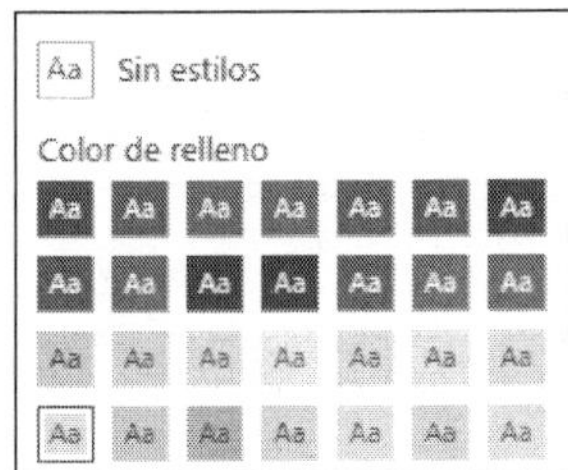

Veremos cómo llevar más allá la personalización en el apartado La mejor vista – Las vistas.

8. Los usuarios

Los campos **Usuario** proceden de la base de datos de usuarios activos de su entorno y permiten encontrar a una persona escribiendo su nombre o apellidos (como en Outlook o Teams). Detrás de la selección se esconde mucha información de valor: dirección de correo electrónico, nombre de usuario, foto de perfil, etc:

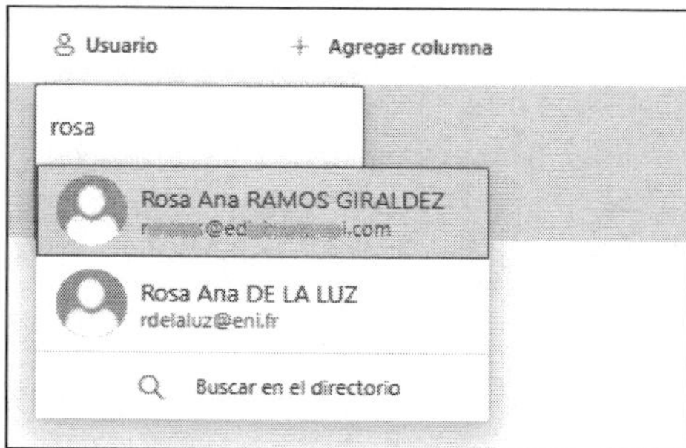

Desde la lista, puede hacer clic en el nombre para acceder al perfil completo de un miembro de su organización, enviarle un correo electrónico o un mensaje en Teams.

Este campo también puede utilizarse para crear alertas fácilmente y recordatorios o automatizaciones de Power Automate (consulte la sección Automatizar).

9. Las búsquedas

Existen dos tipos de campos de búsqueda. En primer lugar, los campos de búsqueda clásicos: son campos que permiten buscar información entre dos listas de SharePoint. Esto crea una especie de "puente" entre dos elementos y permite cruzar información: una lista de SharePoint llamada "Solicitudes de oficina por día " puede llamar a otra lista llamada "Sitios de la empresa", que agrupa información sobre todos los sitios desde los que puede trabajar un empleado.

Este tipo de campo puede utilizarse para dividir los datos y evitar que las listas contengan demasiadas columnas.

Por ejemplo, en el supuesto del seguimiento de proyectos, podría tener una lista para el seguimiento del propio proyecto, otra con los servicios vendidos por proyecto (con un campo de búsqueda en el proyecto) y una tercera con las acciones realizadas por servicio (con un campo de búsqueda por servicio). Los elementos están relacionados entre sí: un proyecto = varios servicios = varias acciones.

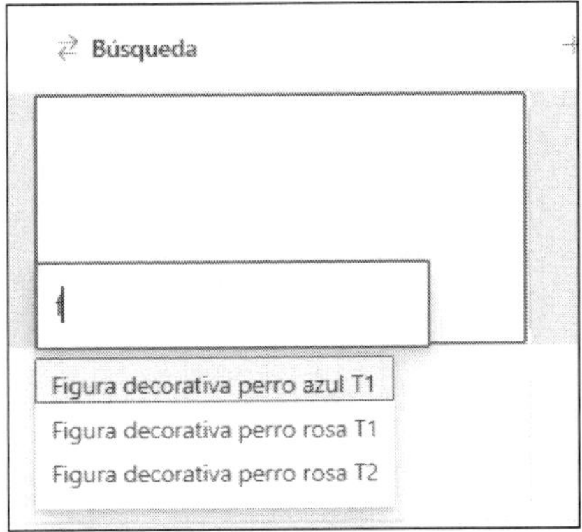

Al elegir un campo, selecciona una clave (la columna que desea buscar en la lista de destino). Si es necesario también puede duplicar la información vinculada a esta clave en la lista de destino, pero hágalo las menos veces posible porque de lo contrario, dividir listas dejará de tener interés.

Volvamos a nuestro ejemplo: en su lista "Acciones acabadas", añade un campo de búsqueda a la lista "Servicios vendidos", para vincular una acción a un servicio. Para facilitar el seguimiento, puede decidir mostrar no solo el nombre del servicio correspondiente, sino también su fecha de vencimiento en la lista "Acciones finalizadas".

El segundo tipo de campo de búsqueda es el campo de **metadatos administrados**. ¿Qué son los metadatos administrados? Se trata de una biblioteca de términos almacenada en un sitio SharePoint (para un sitio o colección de sitios). Esto permite utilizar listas de selección en varios lugares del sitio. Resulta muy eficaz para realizar un seguimiento centralizado de los nombres de servicios, sitios y divisiones. Al utilizar este método, cualquier información que deba modificarse se cambia una sola vez en todos los sitios/subsitios afectados.

Siguiendo con el ejemplo de los sitios en los que puede trabajar un empleado, podría haber decidido crear esta lista no como una lista de SharePoint, sino como metadatos. De hecho, es una información que no solo tiene que ver con su equipo, por lo que puede ser conveniente ponerla a disposición de toda la empresa. De este modo se garantiza que todo el mundo dispone de la misma información. En este caso, la columna utilizada en la lista "Solicitudes de oficina por día" habría sido una columna de metadatos administrados y no una columna de búsqueda.

Si no sabe cómo utilizar los metadatos administrados en SharePoint, puede sortear el problema creando listas de términos. Por ejemplo, una lista de sitios de producción que agruparía los nombres de todos sus sitios de este tipo. Junto con un campo de búsqueda, esto le permitirá editar y ordenar la lista fácilmente en caso de cambio, y solo una vez para todas las listas que utilicen sus datos. Si utiliza este truco, tenga cuidado: nunca elimine un elemento. Basta con añadirle un indicador de activo/inactivo, para evitar que se generen errores en las listas que lo utilicen.Por ejemplo: el sitio de Sevilla va a cerrar. Si lo suprimo de la lista, todos los proyectos que estén vinculados a este sitio encontrarán una anomalía, ya que no podrá hacerse la búsqueda (el campo estará vacío y perderé el historial de entradas anteriores al cierre del sitio). Debo ser yo quien cambie el nombre del sitio de Sevilla por ANTIGUOSevilla y cambiar los proyectos aún activos en el sitio ANTIGUOSevilla en mi lista de seguimiento de proyectos (¡de ahí la importancia del campo **Sí/No** *(Activo)!*

10. Las aprobaciones

A finales de junio de 2024 se introdujeron de forma generalizada nuevas columnas que hasta ese momento solo estaban disponibles en determinadas plantillas de listas: los campos de aprobación.

Estos campos están directamente vinculados a la función Aprobaciones de Microsoft Teams. Permiten crear una solicitud de aprobación desde una lista.

Así es como funcionan actualmente (están disponibles en la plantilla Programador de contenido con aprobaciones de la aplicación Lists):

- Cree un nuevo elemento de la lista.
- El estado de aprobación aparece en la columna correspondiente:

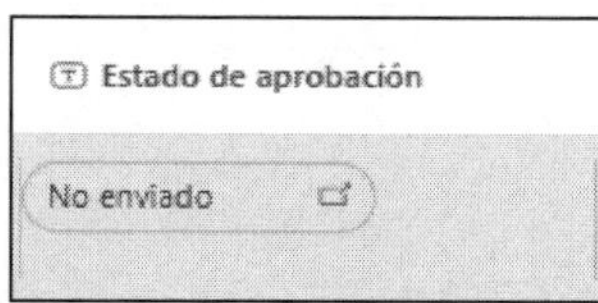

✎ Al hacer clic en la cápsula, aparece una ventana que le permite determinar el/la aprobadores/as (o varios/as) y la información que se le debe enviar.

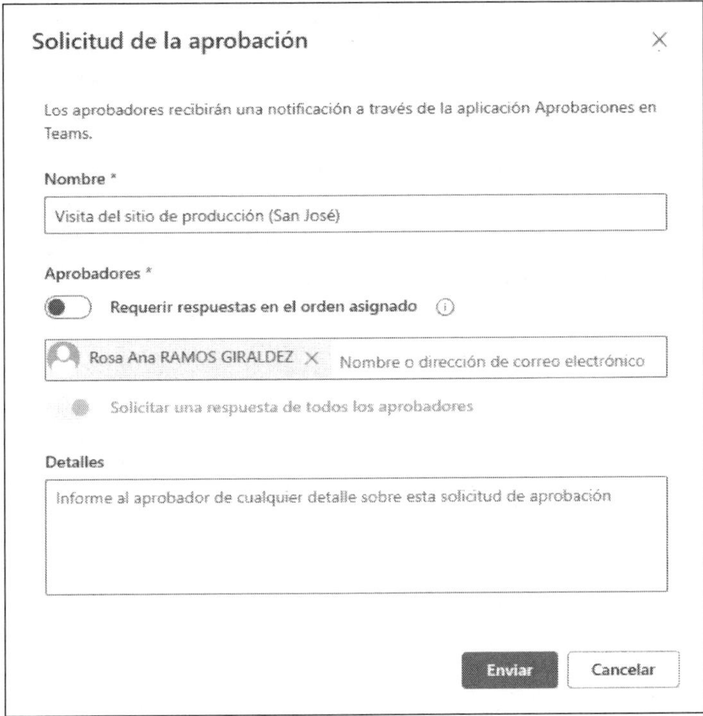

El aprobador/a designado/a recibe entonces una solicitud de aprobación directamente en las Aprobaciones de Teams:

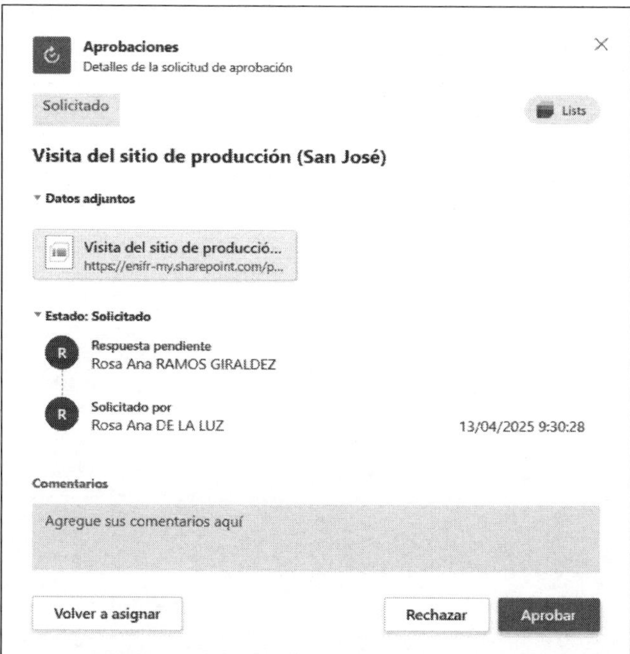

La solicitud puede supervisarse directamente a través de la lista, haciendo clic en la misma cápsula de antes para que aparezca la ventana emergente.

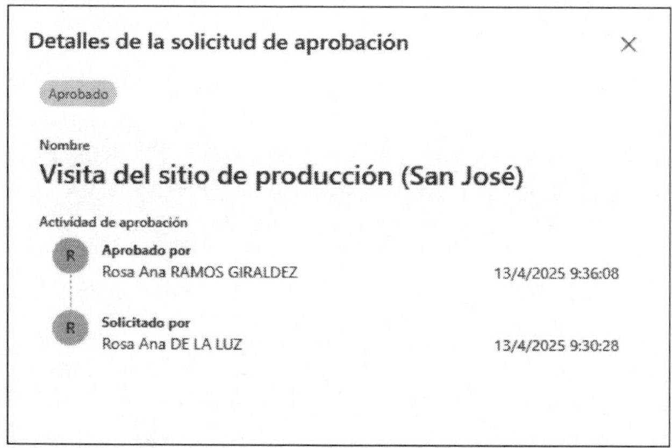

11. Fórmulas

Para este tipo de campos, su experiencia con Excel le será especialmente útil. Lists también le permite integrar campos calculados a partir de otras columnas. Las fórmulas utilizan algunas de las funciones disponibles en Excel (https://...).

Su creación es un poco más compleja que la del resto de campos:

- En el menú de creación de columnas, seleccione **Ver todos los tipos de columna**.
- Seleccione **Calculado (cálculo basado en otras columnas)**.
  Aparecerá un campo en el que podrá introducir la fórmula.
- Introduzca la fórmula: empiece por el signo =, añada a continuación un campo dinámico (una de las columnas de la base de datos), un valor bruto ("duro") o una función (Suma, Concatenar...), seguido de los operadores que quiera (+ - / o *).

Nombre y tipo
Escriba un nombre para esta columna y seleccione el tipo de información que desea almacenar en la misma.

Nombre de columna:
Precio sin IVA

El tipo de información de esta columna es:
- ○ Una línea de texto
- ○ Varias líneas de texto
- ○ Elección (menú para elegir)
- ○ Número (1; 1,0; 100)
- ○ Moneda ($, ¥, €)
- ○ Fecha y hora
- ○ Búsqueda (información ya disponible en este sitio)
- ○ Sí o No (casilla)
- ○ Persona o grupo
- ○ Hipervínculo o imagen
- ◉ Calculado (cálculo basado en otras columnas)
- ○ Imagen
- ○ Resultado de la tarea

Configuración de columna adicional
Especifique opciones adicionales para el tipo de información seleccionado.

Descripción:

Fórmula:
=[Precio]*[Cantidad]

Insertar columna:
Cantidad
Creado
Etiqueta de color
Id. de activo de cum...
Modificado
Precio
Producto
Título

Agregar a la fórmula

El tipo de datos que devuelve esta fórmula es:
- ○ Una línea de texto
- ○ Número (1; 1,0; 100)
- ◉ Moneda ($, ¥, €)

Producto	Precio	Cantidad	Precio sin IVA
Figura decorativa perro rosa T1	2,00 €	1 000	2 000,00 €
Figura decorativa perro rosa T2	4,00 €	500	2 000,00 €
Figura decorativa perro azul T1	2,00 €	1 000	2 000,00 €

En este ejemplo, se trata de calcular el importe sin IVA de un producto. Para ello, multiplicamos el precio unitario (sin IVA) del producto en la columna **Precio** por la cantidad pedida (columna **Cantidad**). El cálculo se realizará automáticamente para cada línea. Bajo la fórmula, hemos indicado que queremos obtener el resultado en formato moneda.

Dependiendo de su entorno y de su configuración, los separadores pueden ser distintos. Para un entorno en español, el separador clásico es el punto y coma (;). Para un entorno inglés o internacional, se utiliza la coma (,). Los nombres de las fórmulas también pueden tener que escribirse en el idioma de desarrollo del entorno, en español o en inglés, como en Excel.

✎ Confirmar.

A continuación, se comprueba la fórmula. Si es incorrecta, deberá modificarla:

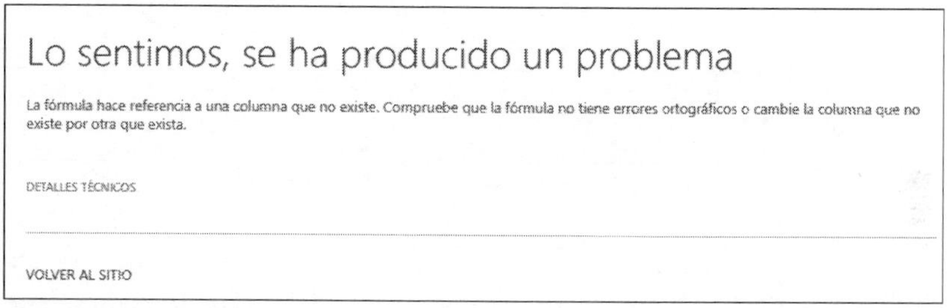

Lo sentimos, se ha producido un problema

La fórmula hace referencia a una columna que no existe. Compruebe que la fórmula no tiene errores ortográficos o cambie la columna que no existe por otra que exista.

DETALLES TÉCNICOS

VOLVER AL SITIO

Esto le permite comprobar que la fórmula es correcta antes de introducirla.

Tenga en cuenta que algunas columnas no pueden utilizarse como campos dinámicos. Es el caso, en particular, de las columnas de opción múltiple o de los textos largos. En este caso, sencillamente no aparecen en la lista de campos dinámicos.

12. Lista resumen

Aquí tiene una lista de todos los tipos de columnas vistos en este capítulo, junto con sus iconos, nombres, usos y limitaciones que debe tener en cuenta para su uso óptimo de Lists.

Icono	Tipo de columna	Se utiliza para...	Sus inconvenientes
	Texto	Muchos tipos de datos (nombre, apellidos)	Poca homogeneidad de los datos
	Varias líneas de texto	Comunicarse con el usuario (notas, comentarios)	Solo puede utilizarse tal cual, leyéndolos la persona
	Número	Recopilar valores numéricos	Solo admite dígitos y separadores
	Moneda	Recopilar valores numéricos	Solo admite dígitos y separadores
	Elección (única)	Recopilar información con formato	Solo permite seleccionar un elemento
	Sí/No	En forma de casilla, es más rápido que una lista de opciones.	Solo permite seleccionar sí o no.
	Usuario	Recuperar datos de los usuarios	Se puede utilizar solo dentro de su entorno
	Ubicación	Recuperar información sobre un lugar	Seleccione una entrada existente, no cree nuevas
	Fecha	Recoger una fecha en un solo formato	Si se introduce manualmente (sin el selector), y no se respeta el formato, la fecha no se tiene en cuenta.
	Fecha y hora	Recoger la fecha y la hora en un solo formato	En caso de introducción manual (sin el selector), si no se respeta el formato, la fecha no se tiene en cuenta.

Icono	Tipo de columna	Se utiliza para...	Sus inconvenientes
	Búsqueda	Recuperar datos de otra lista	Requiere una segunda lista, por lo que también algo de previsión.
el icono depende del tipo de resultado esperado (número, texto...)	Fórmula	Calcular a partir de elementos contenidos en una lista	No todos los campos son compatibles (por ejemplo, opción múltiple)
	Imagen	Crear un catálogo, un organigrama...	Solo admite archivos .jpg, .jpeg y .png
	Hipervínculo	Añadir un enlace encapsulado Inserta un enlace en el texto	
	Datos adjuntos	Añadir un archivo a un item	Para un documento colaborativo, es preferible utilizar un enlace, ya que los archivos adjuntos no ofrecen ninguna opción de versionado.
	Clasificación promedio	Evaluar una idea, una formación, un contenido	Varias votaciones posibles, pero solo una columna por fila
	Estado de aprobación	Solicitar y seguir la aprobación de un nuevo elemento. Vinculado directamente a las aprobaciones en Teams.	

Trucos:

- Siempre que sea posible, introduzca un valor por defecto para ahorrar tiempo al usuario. Cuanto menos tiempo dediquen a rellenar un formulario, más probabilidades habrá de que lo hagan.

- Utilice el tipo Aplicar valores únicos solo para las nomenclaturas.

- Si los usuarios rellenan la lista directamente a través del formulario, utilice el menor número posible de campos de texto "libre".

- Limite las respuestas de opción múltiple a los campos que quiera utilizar en los flujos de Power Automate (consulte la sección Automatizar). En este caso, descomponga los elementos en varias columnas de opciones simples, que son más fáciles de manejar.

D. La mejor vista

Sin necesidad de desarrollo extra, Lists ofrece la posibilidad de visualizar los datos de maneras distintas.

1. Formularios

Como vimos brevemente en la introducción, la creación de una columna genera la creación de un campo. En conjunto, estos campos pueden utilizarse para generar formularios para que los usuarios puedan crear y modificar los datos.

Para empezar, existe un formulario básico, presente en todas las listas. Puede utilizarlo para crear un nuevo elemento (mediante el botón **Nuevo** situado en la parte superior izquierda de la lista) o haciendo doble clic en un elemento de la lista para abrirlo y modificarlo.

Para estos formularios, puede elegir las columnas disponibles y su posición en él (haciendo clic y arrastrando).

Para ello, haga clic en **Agregar nuevo elemento**, después en el botón de la ventana del formulario y, por último, en **Editar columnas**.

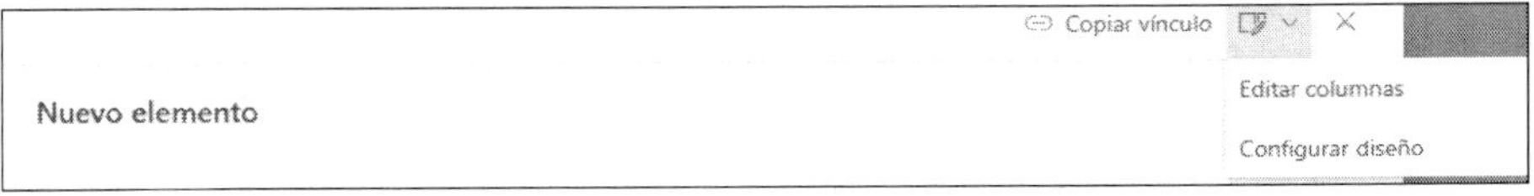

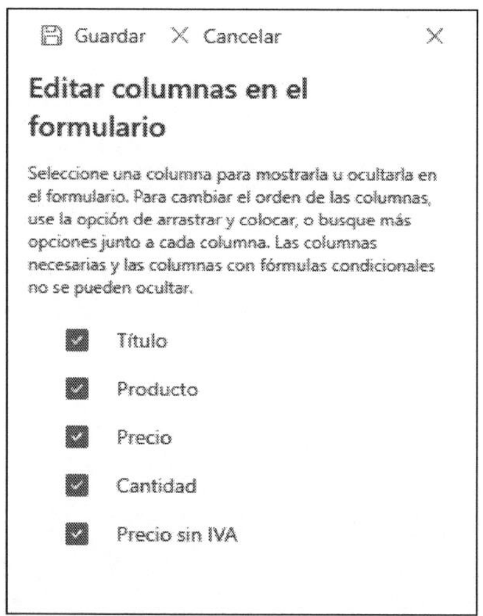

En los formularios estándar, los campos obligatorios están marcados con un asterisco rojo. Si no se rellenan estos campos, no podrá guardar los cambios.

Si ha añadido una descripción a una columna, la información estará disponible bajo el campo.

También puede crear formularios personalizados mediante el botón **Forms**, situado en el menú de la parte superior de la pantalla. El objetivo sería compartirlo con los contactos internos de su organización, permitiendo crear líneas en su lista a todos los usuarios sin tener que dar acceso a su sitio o a su lista.

Puede crear varios formularios para cada lista, lo que le permite recoger información diferente según el interlocutor de quien se trate.

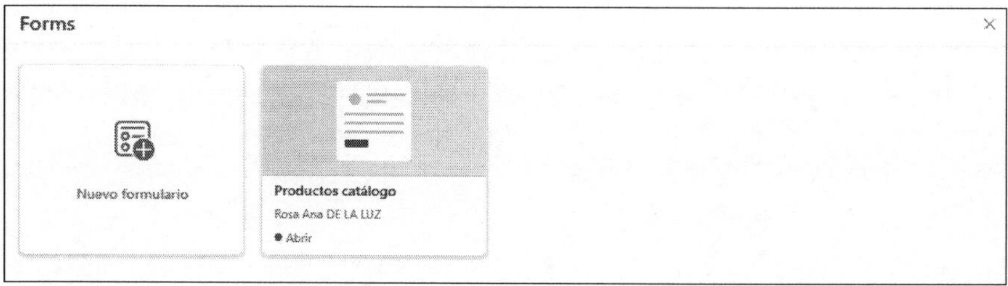

Limitaciones de los formularios:

- Solo pueden utilizarse internamente.
- La forma de compartirse por defecto es para todos los usuarios de su organización y no puede modificarse.
- Solo permiten la creación de elementos de Lists, no modificarlos.
- Solo los siguientes campos son compatibles con los formularios.

Los formularios son responsivos, lo que significa que su diseño se adapta automáticamente al tamaño de la pantalla en la que se consultan (móvil, tableta, PC).

Por lo tanto, Lists es especialmente adecuado para recopilar información cuando hay que trabajar con personas en desplazamiento o que no tienen acceso a un ordenador.

Para aprovechar al máximo las funciones en tabletas y móviles, le recomiendo que descargue y active el teclado virtual Microsoft Swift Key, que le permitirá sortear un problema muy común: los separadores. Dependiendo de la configuración del teclado y de la interfaz, el separador decimal puede ser una coma o un punto. El teclado de Microsoft tiene la particularidad de ofrecerle ambos.

2. Vista cuadrícula

La vista de cuadrícula de lista le permite moverse por la base de datos como lo haría en Excel, de celda en celda.

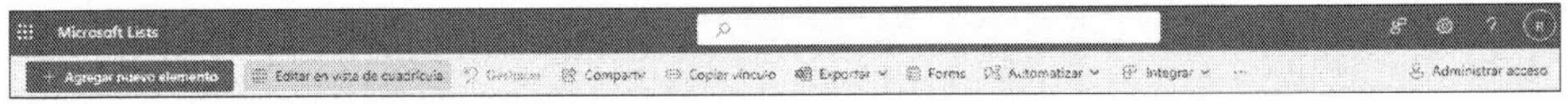

Este modo es especialmente adecuado para la introducción masiva de datos.

Aunque lo utilice en un formato similar al de Excel, las restricciones que haya definido para sus columnas (formato de los datos, campos obligatorios) siguen siendo válidas y le permiten controlar los datos recogidos.

Aunque esta función sea la que está activada por defecto, puede desactivarla para permitir la entrada solo a través de un formulario. Más adelante veremos una de las razones por las que podría querer desactivar esta opción.

Para desactivar la vista de cuadrícula:

Haga clic en el icono  situado en la parte superior derecha de la pantalla.

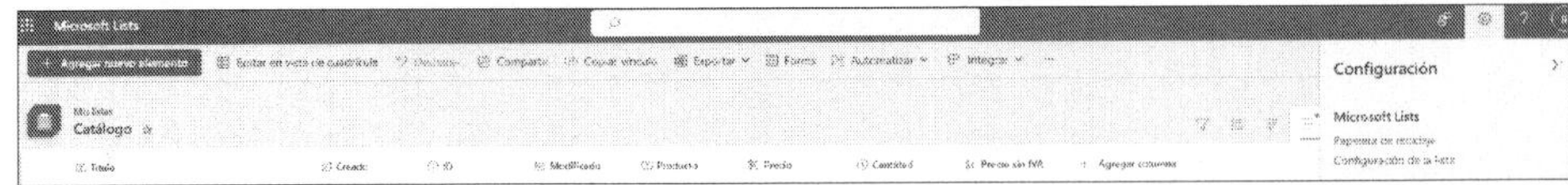

- Haga clic en **Configuración de la lista**.

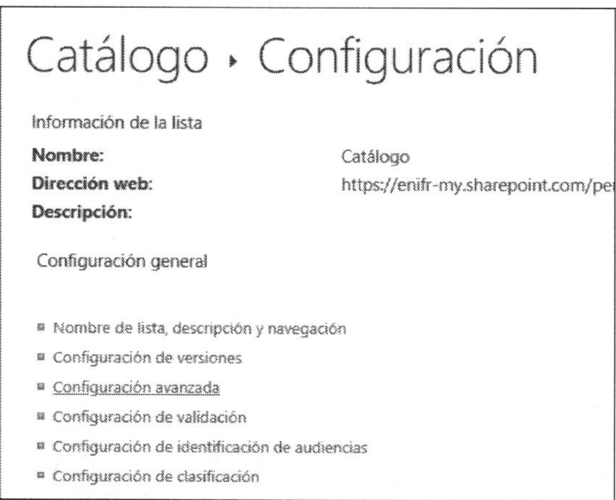

- A continuación, haga clic en **Configuración avanzada.**
- Frente a la sección **Edición rápida de propiedades**, active No.

Edición rápida de propiedades

Especifique si la característica Edición rápida y el panel Detalles se pueden usar en este tipo de lista (lista) para editar los datos de forma masiva.

¿Desea permitir que los elementos de esta lista de tipo lista se editen mediante la característica Edición rápida y el panel Detalles?

○ Sí ◉ No

- Desplácese hasta la parte inferior de la pantalla y haga clic en **Aceptar**.

3. Filtros

Como en Excel (otra vez), Lists le permite filtrar y agrupar elementos en su base de datos. Hay tres formas de hacerlo.

- En primer lugar, en la parte superior de la pantalla, tiene una barra de búsqueda que le permite hacer una búsqueda de texto para filtrar los elementos relevantes de todos sus datos.

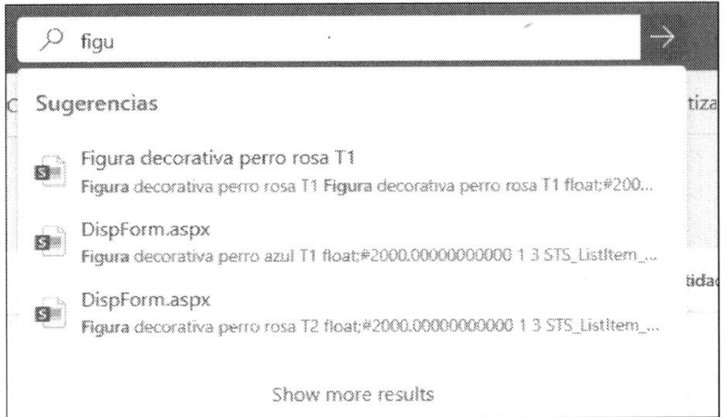

- También dispone del icono de filtro en su base de datos. Este botón le permite acceder a los filtros que haya definido como favoritos, así como a los que haya utilizado recientemente. Los filtros activos están representados por cápsulas encima de la lista.
- Para añadir un filtro a sus favoritos, haga clic en el botón ••• situado a la derecha del nombre de la columna en el panel **Filtros** y, a continuación, en **Anclar**.

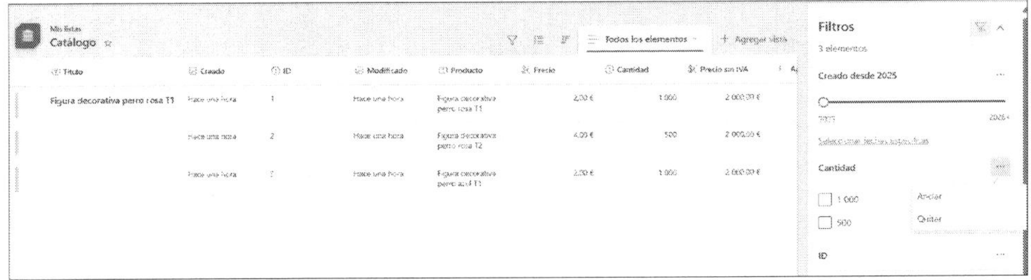

- Por último, haciendo clic en una columna, puede ordenar, filtrar y agrupar los datos. Algunos formatos de columna también permiten activar una función de **Totales** (una suma para los formatos numéricos o el número de entradas para otros tipos de campo).

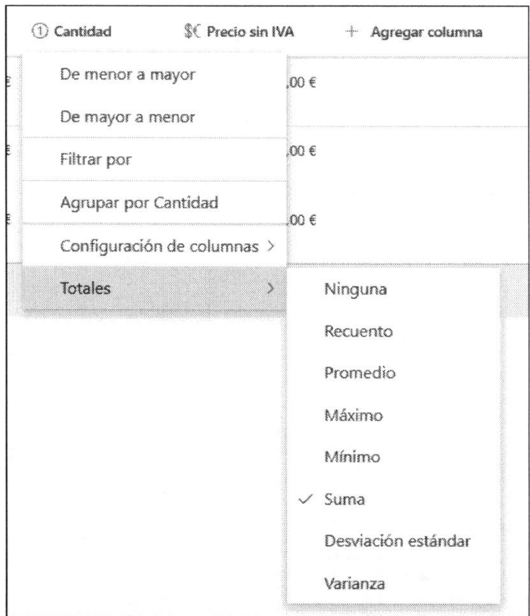

Sin embargo, en algunas columnas no se puede aplicar la función Filtro, como los campos de texto largo o de ubicación.

4. Las vistas

Según sus necesidades y la información que contenga su base de datos, Lists permite crear de forma nativa una serie de vistas predefinidas.

La vista clásica es la vista de cuadrícula, llamada **Todos los elementos**. Como su nombre indica, muestra todos los elementos de una lista y todas sus columnas.

A partir de esta vista de cuadrícula, puede crear otras, por ejemplo añadiendo filtros, ocultando columnas o agrupando datos.

Para mostrar u ocultar columnas:

- Haga clic en el botón ˅ a la derecha del nombre de la columna.
- Seleccione **Configuración de columnas** y, a continuación, **Mostrar u ocultar columnas.**

Aparecerán entonces todas las columnas disponibles. Las columnas que tienen una marca son las que se muestran, las que no la tienen, no. Puede ajustar el orden de las columnas haciendo clic y arrastrando.

Para guardar una vista después de realizar cambios:

- Haga clic en la vista activa en la pestaña situada en la parte superior derecha de la pantalla.
- Haga clic en **Guardar vista como**.

- Elija un nombre corto y claro para definir la vista de su lista.

También existen otras vistas:

- La vista **Calendario** permite visualizar los datos en formato calendario, con una fecha de inicio y otra de fin. Esta vista puede modularse por día, semana, semana laboral o mes:

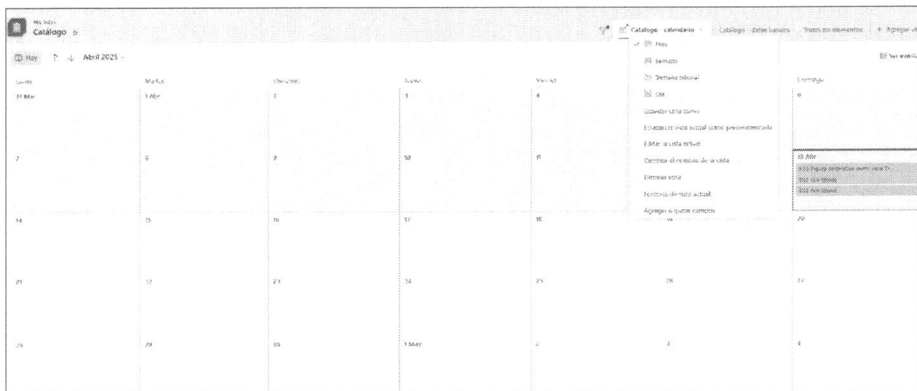

- La vista **Galería** le permite ver los elementos como si fueran un catálogo, resaltando la imagen adjunta a ellos.

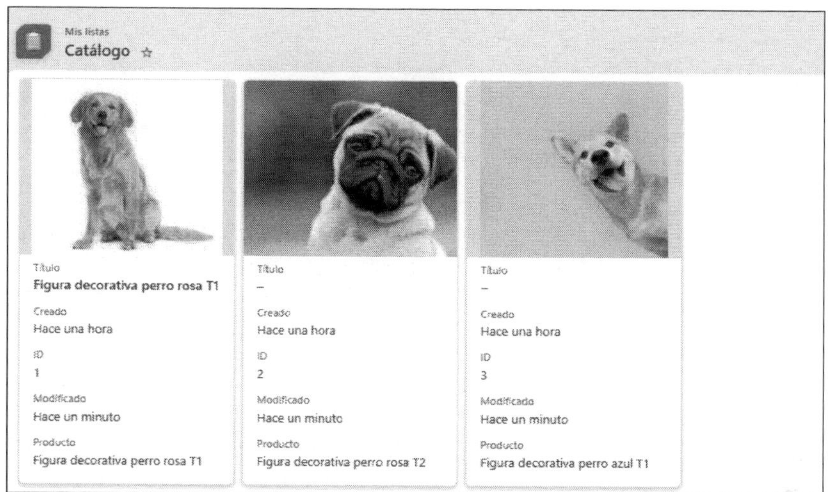

- La vista **Panel** corresponde a una vista Kanban que permite clasificar los elementos de la lista a partir de un campo de menú desplegable.

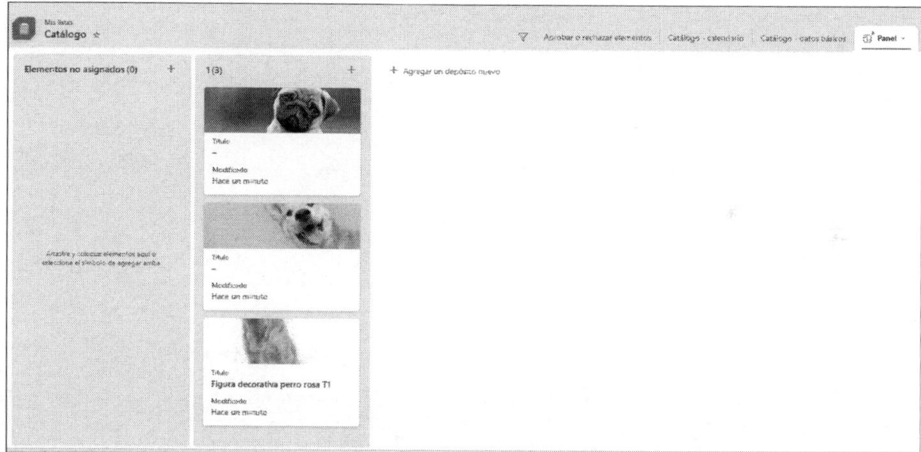

En todas estas vistas se pueden aplicar filtros y ordenar los elementos.

- Para crear una nueva vista, haga clic en el botón situado en la parte superior derecha de la ventana y, a continuación, seleccione el tipo de vista que desea crear. Un formulario le guiará en la configuración de cada vista. Las vistas aparecen en forma de pestañas, como las hojas de cálculo de un archivo Excel.

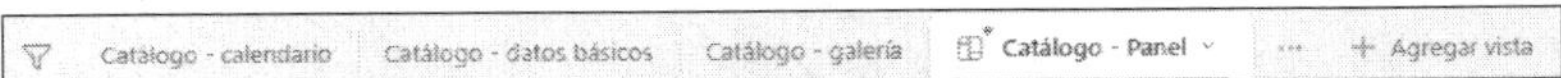

Las vistas Panel y Galería muestran los datos en forma de tarjetas. El diseño de estas tarjetas y los campos mostrados pueden modificarse:

- En la parte superior derecha de la pantalla, haga clic en el nombre de la vista activa.
- Seleccione la opción **Personalizar tarjeta**.

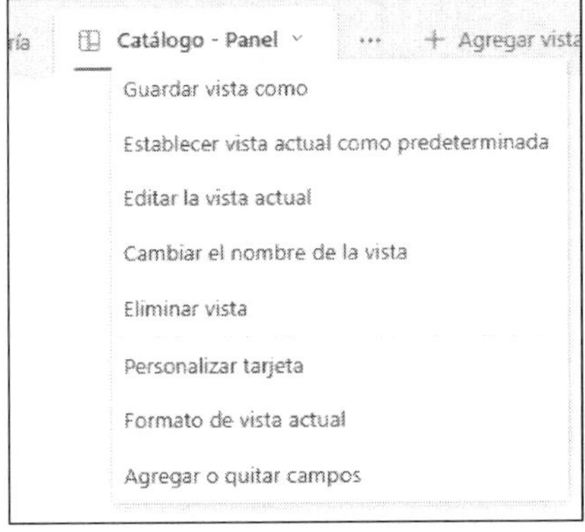

En la parte derecha de la pantalla aparece un panel que permite seleccionar o anular la selección de campos, cambiar su disposición haciendo clic y arrastrando, y elegir si se muestra o no el nombre de cada columna encima de ella:

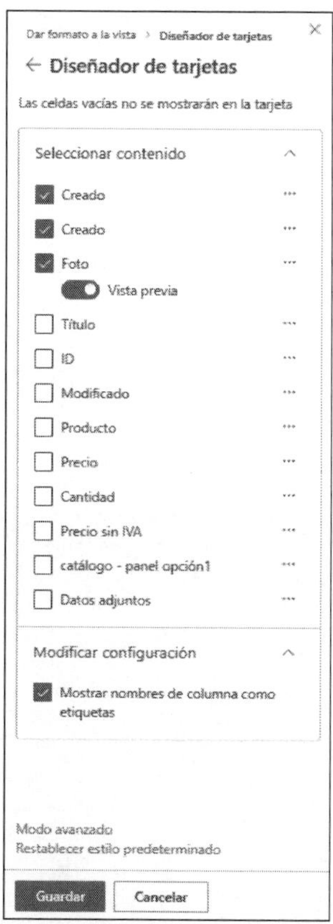

Es posible que no todos los campos de su lista aparezcan en el menú de la tarjeta.

- Si necesita campos adicionales, haga clic de nuevo en el nombre de la vista activa y seleccione **Editar la vista actual** para acceder a todas las columnas disponibles. Una vez añadidas las columnas que faltan, puede volver al editor de tarjetas y activarlas como se ha descrito anteriormente.
- El modo **Avanzado** es el back office de SharePoint. Para acceder al editor de vistas avanzado, haga clic en ⚙ en la parte superior derecha de la pantalla y, a continuación, seleccione **Configuración de la lista**.

Los parámetros incluyen todas las funciones de administración, la lista de columnas y la lista de vistas.

- Seleccione la vista que desea modificar.

- Seleccione las columnas que desea que aparezcan en las opciones de la tarjeta:

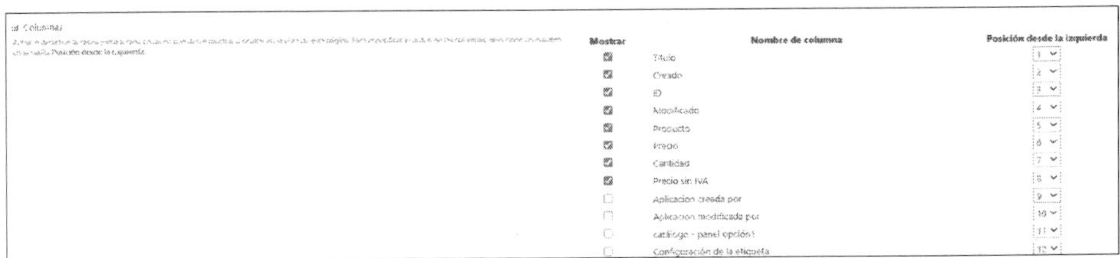

- Si es necesario, elija las opciones de orden y filtro directamente desde esta ventana:

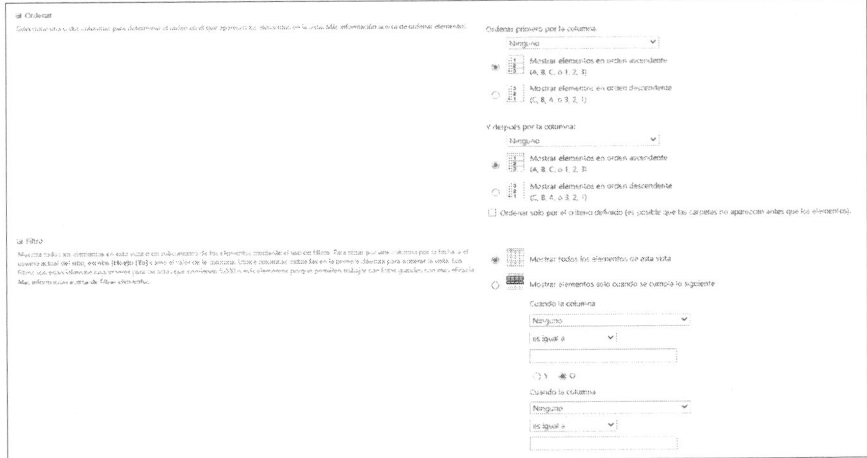

- Desplácese hasta la parte inferior de la ventana y confirme pulsando **Aceptar**.
- A continuación, vuelva a su lista y encontrará los campos que acaba de seleccionar en las opciones de tarjetas personalizadas.

Puede crear tantas vistas como necesite. De este modo, tanto usted como sus colaboradores encontrarán fácilmente la información que necesitan. Es importante nombrar las vistas de forma clara y concisa.

Algunos campos, como los de fórmula o de opción múltiple, no pueden utilizarse en otras vistas aparte de la de cuadrícula.

Por último, para optimizar la legibilidad de los datos, sobre todo en modo cuadrícula, puede crear un **diseño condicional**:

- Haga clic en la vista activa en la parte superior derecha de la pantalla.
- Seleccione **Formato de vista actual**.

- En el panel **Dar formato a la vista**, haga clic en **Diseñador de tarjetas** para definir el diseño global de la vista, o en la pestaña **Aplicar formato a columna** para actuar específicamente sobre columnas individuales.

Imaginemos que vamos a dar formato a la columna **Título**:

- Seleccione la pestaña **Aplicar formato a columna**.

- Elija la columna a la que se aplica el formato en el menú desplegable (aquí, **Título**).

- Haga clic en **Administrar reglas**.
- Elija entre modificar una regla existente o crear una nueva (son acumulativas).
- Defina la primera condición:
  - Seleccione la columna a la que se aplica la condición (1).
  - Seleccione el operador de comparación (en nuestro ejemplo, **es posterior a**).
    - Seleccione el valor de comparación (aquí, 30/3/2025).
- Añada cualquier condición adicional, bien sumándolas (**Y si**), bien condicionándolas a que se cumpla una u otra de las condiciones (**O si**).

- Defina cómo debe mostrarse el elemento que cumple la(s) condición(es) (aquí, en **azul claro**):

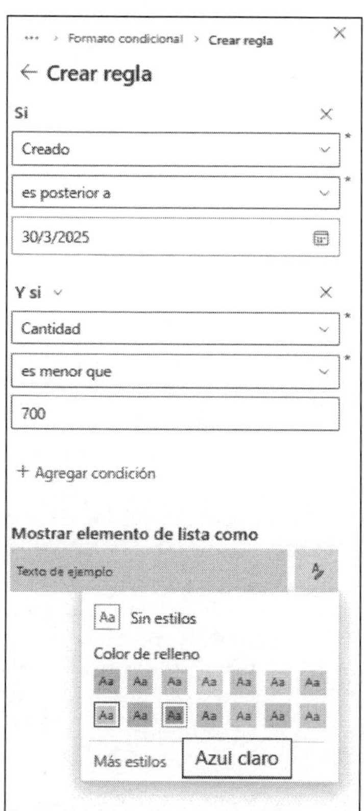

- Guarde los cambios.

Las distintas vistas que ofrece Lists, junto con las opciones de formato y personalización, permiten crear conjuntos de datos preformateados fáciles de entender y utilizar.

E. Automatizar

1. Crear una regla

Una de las primeras formas de poder trabajar con sus datos es imponer reglas de procesamiento. De hecho, esta es una de las principales ventajas de Lists sobre Excel: su capacidad para tener reacciones preprogramadas.

De este modo, podrá crear reglas con pocos clics. Hay tres tipos de activadores de reglas:

- modificación de un dato en una columna concreta;
- la creación de un nuevo elemento;
- eliminación un elemento.

Aquí tiene dos ejemplos concretos de la aplicación de estas reglas:

- Trabajo en el departamento de desarrollo de negocio de una empresa de alquiler de equipos de impresión. Utilizamos una lista única para el seguimiento de la prospección, desde la toma de contacto hasta la cualificación. Tengo que ponerme en contacto con clientes potenciales que no han asistido a una cita con el personal de ventas para reprogramarlas. En mi lista, para cada cita se rellena una columna No show en formato Sí/No. Así que creo una regla para recibir un aviso inmediatamente cada vez que este campo cambie de No a Sí, para intentar reprogramar la cita durante ese mismo día.
- Soy responsable de departamento. Periódicamente filtro los datos de la lista por motivos de cumplimiento. Cuando hace un año que no se contacta con un cliente potencial, lo borro de la base de datos. Para que el responsable del archivo esté al corriente, he creado una alerta que envía un correo electrónico a la persona introducida en el campo Gestor de prospectos cada vez que elimino un elemento.

Para crear una nueva regla:

- Haga clic en el botón **Automatizar** del menú superior de Lists.
- Pase el ratón sobre **Reglas** y seleccione **Crear una regla**.

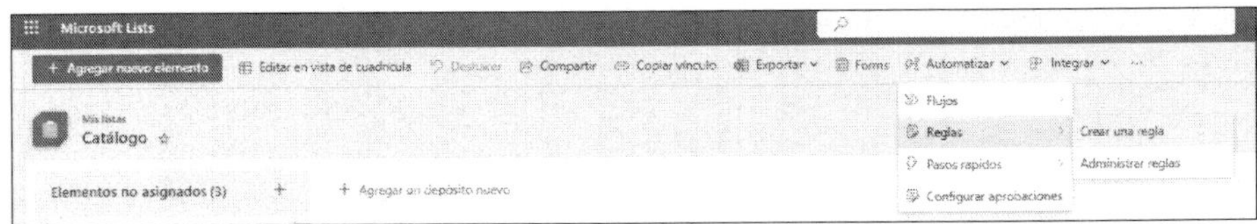

✎ Elija la condición que debe desencadenar la regla.

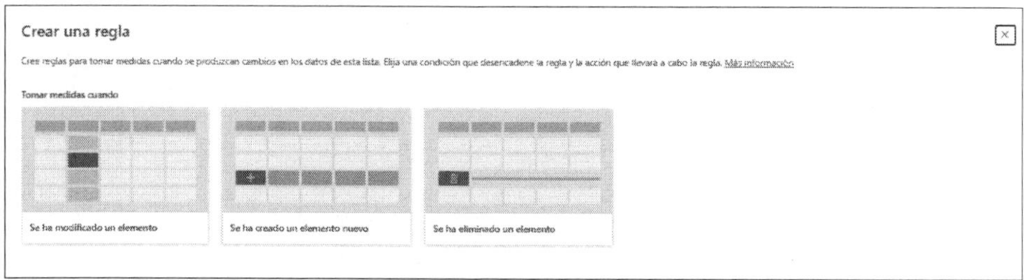

✎ Rellene los campos para definir su regla.

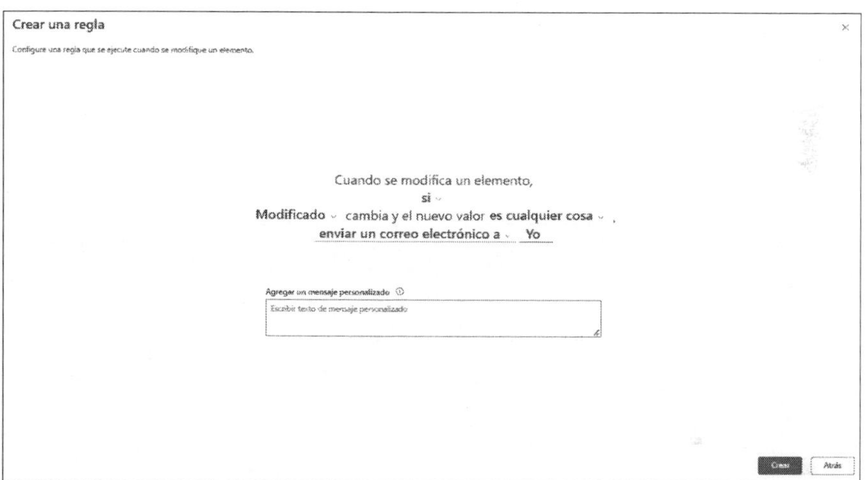

✎ Haga clic en el botón **Crear**.

Atención: todas las reglas que establezca enviarán correos electrónicos a la(s) persona(s) que indique. Antes de aplicarlas, asegúrese de que son las adecuadas para no saturar los buzones de sus colaboradores o sus buzones compartidos.

Otro método es utilizar la función **Avisarme** cuando se realicen cambios en los elementos.

Haga clic en y luego en **Avisarme**.

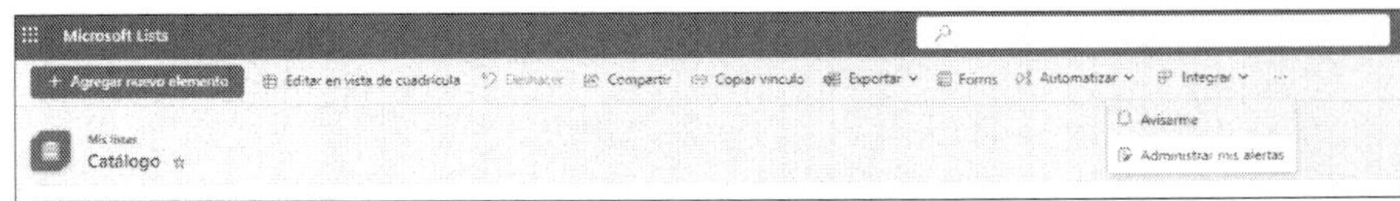

El menú que aparece a continuación ofrece, pero de otra forma, estrategia.pngs de alertas parecidas a las vistas antes: selección de destinatario(s) y condiciones de activación.

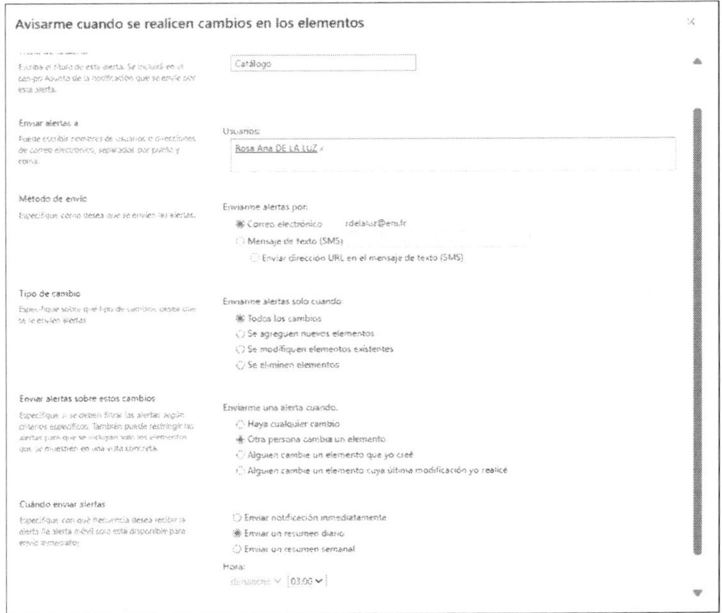

En este ejemplo, me gustaría recibir un resumen diario de los elementos de la lista que han sido modificados por alguien que no soy yo.

La diferencia entre los dos métodos es que, con el segundo, puede determinar con qué frecuencia quiere recibir las notificaciones.

2. Crear una alerta

Además de las reglas, si su lista incluye uno o varios campos de fecha, puede definir un recordatorio cuando se vaya acercando. Esto es muy útil, por ejemplo, si no quiere olvidar que se acerca una fecha límite de algo.

Para crear una alerta:

- Haga clic en **Automatizar** en el menú superior.
- Haga clic en **Flujos - Establecer un recordatorio.**

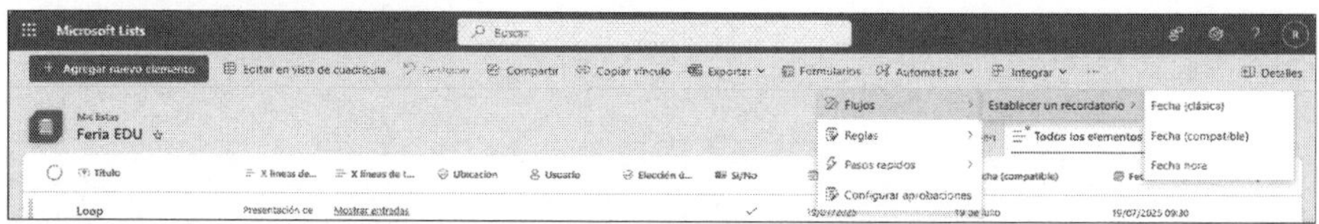

- Elija la columna de fechas a partir de la cual desea recibir el recordatorio (por ejemplo: Fecha hora).
- Aparece un panel a la derecha de la pantalla en el que se le pide que se conecte a diferentes aplicaciones para crear la alerta.

- Si todo está en verde, haga clic en **Continuar**. Si no, conéctese a las aplicaciones.

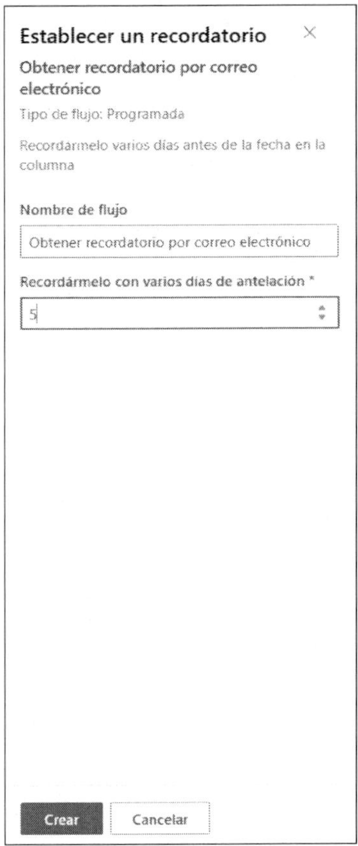

- Introduzca un nombre para su alerta en el campo **Nombre de flujo** y establezca con cuántos días de antelación desea recibir la alerta; a continuación, haga clic en **Crear**.

Al igual que con las reglas, las alertas que cree aquí le enviarán un correo electrónico para informarle de cuándo vence una fecha. Este método puede ser apropiado para listas en las que no hay muchas líneas que venzan a la vez. En cambio, si sabe que van a vencer varias fechas cada día, quizás lo mejor sea crear una vista Vencimiento mañana, filtrando las columnas por fecha de vencimiento y así no saturar su bandeja de entrada.

F. Creación de interfaces

1. Genere una aplicación móvil en unos clics

Otra ventaja de utilizar las listas es que este tipo de base de datos interactúa perfectamente con el conjunto de lo que Microsoft denomina Power Platform. Veremos este tema en más detalle en el último capítulo de este libro.

Entre las herramientas de la Power Platform se encuentra **Power Apps**, un diseñador de aplicaciones low code. Para que se entienda, permite generar aplicaciones web y móviles desde un diseñador visual en lugar de utilizar una interfaz de código tradicional.

Power Apps se integra de forma nativa en Lists, sin coste adicional de licencia. En concreto, le permite transformar su lista en una aplicación móvil en pocos clics.

Esta función es especialmente útil cuando se trabaja con usuarios que viajan o que no tienen ordenador.

El acceso a su aplicación solo será posible si se dan estas condiciones:

- tener una cuenta en el sitio web de Microsoft;
- tener una licencia activa de MS365;
- estar autorizado a consultar los elementos de la lista;
- estar autorizado a utilizar la aplicación.

Para crear una aplicación a partir de una lista, basta con unos clics:

✎ En el menú superior de Lists, haga clic en **Integrar**.

✎ A continuación, seleccione **Power Apps** y luego **Crear una aplicación**.

Se abrirá una nueva ventana y aparecerá una pantalla de carga que puede durar unos minutos: Power Apps está generando automáticamente su aplicación.

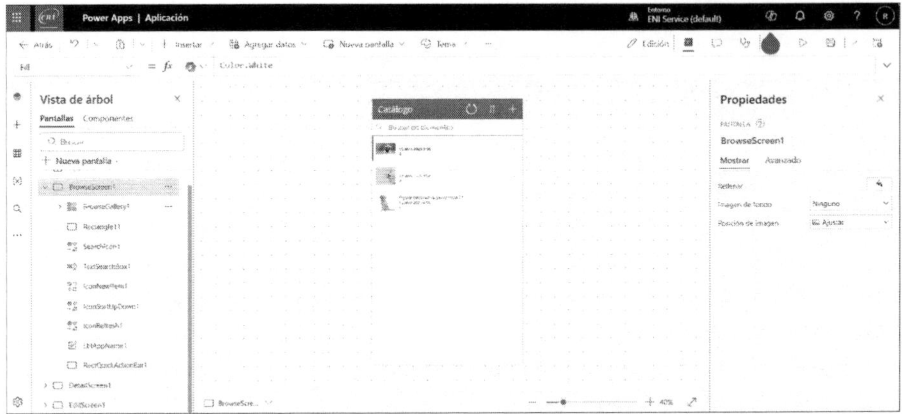

- Una vez cargada, puede probar su nueva aplicación pulsando la flecha de reproducción situada en la parte superior derecha de la pantalla.
- Haciendo clic en los iconos de la derecha, puede simular varios tamaños de pantalla para obtener una vista previa de su aplicación en distintos soportes.
- Esta aplicación permite ver, filtrar, ordenar, crear, modificar y eliminar elementos de la lista.

Si faltan algunos campos en sus elementos, puede añadirlos:

- Salga de la vista previa pulsando el botón situado en la parte superior derecha de la pantalla.

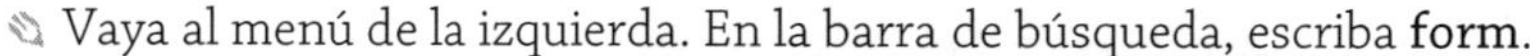

Vaya al menú de la izquierda. En la barra de búsqueda, escriba **form**.

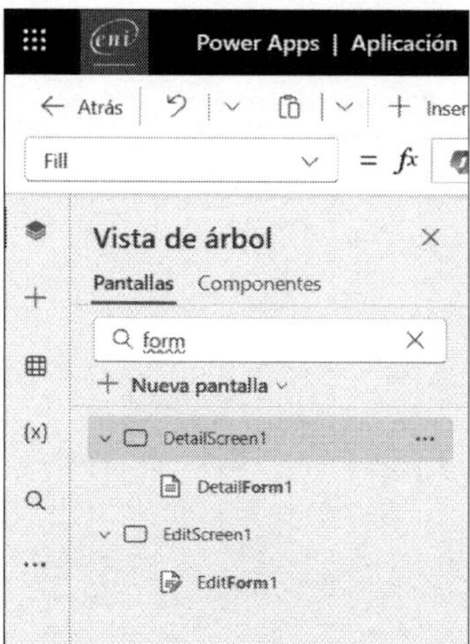

Tendrá dos resultados. Es imprescindible que repita la siguiente operación para cada uno de ellos.

Haga clic en el primer componente: **DetailForm1**.

A la derecha, haga clic en el texto morado situado frente a **Campos**.

- Haga clic en + **Agregar campo**.

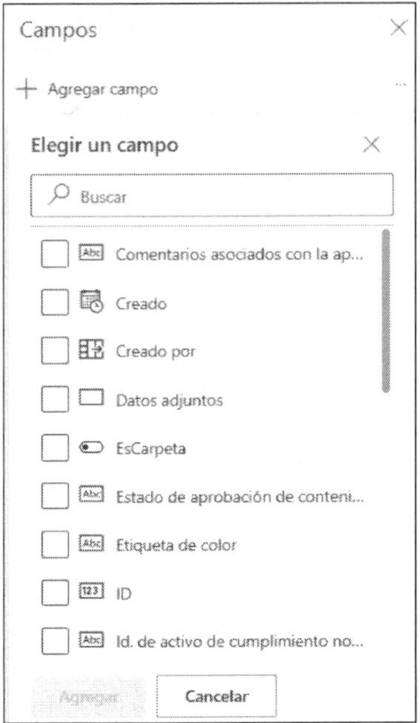

- Seleccione los campos que desea añadir y haga clic en **Agregar**.
- Puede cambiar el orden de los campos haciendo clic y arrastrando.

Cuando esté como necesite, solo tiene que guardarla haciendo clic en [icono] en la esquina superior derecha de la pantalla y luego publicarla haciendo clic en el icono [icono].

Para compartir su aplicación, haga clic en [icono] en la parte superior derecha. Introduzca el usuario/s con quien compartirla, un mensaje si fuera necesario y haga clic en Compartir.

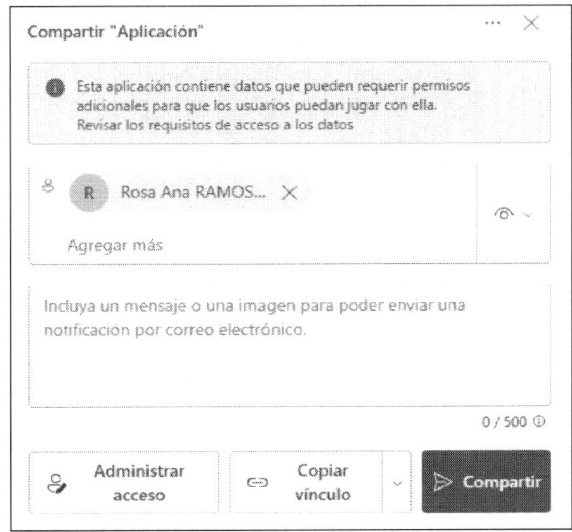

Acaba de crear su primera aplicación móvil.

2. Personalizar el formulario

Del mismo modo, también puede personalizar los formularios de lista. Puede decidir hacer cambios simples:

- cambiar los campos a dos columnas en lugar de una;
- mostrar los títulos frente a los campos en lugar de encima de ellos;
- añadir colores.

También puede (si tiene más experiencia) modificar la estructura del formulario, por ejemplo:

- añadir pestañas para ordenar la información;
- hacer un campo de solo lectura;
- mostrar determinados campos solo para una lista determinadas de usuarios/as.

Para utilizar un formulario personalizado en Lists, primero debe activar la experiencia moderna. Para ello:

En la lista, haga clic en el icono [icono] situado en la parte superior derecha de la pantalla.

- Vaya a **Configuración de la lista.**
- Vaya a **Configuración avanzada.**
- En el campo **Experiencia de lista**, seleccione **Experiencia nueva.**

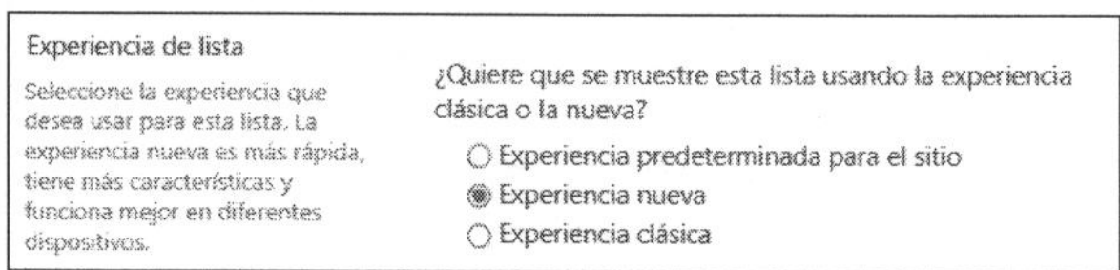

- Guarde los cambios.

Una vez activada esta función, para crear un formulario personalizado, haga lo siguiente:

- En el menú superior de Lists, haga clic en **Integrar.**
- A continuación, seleccione **Power Apps** y luego **Personalizar formularios.**

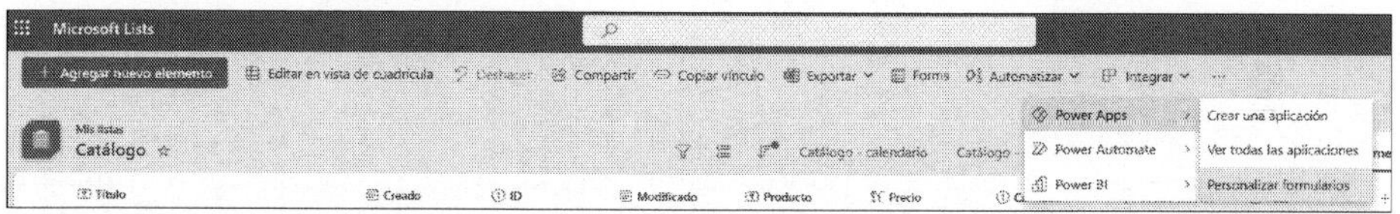

Se abrirá una nueva ventana y aparecerá una pantalla de carga. Puede tardar unos minutos en cargarse: Power Apps está generando automáticamente un formulario personalizado.

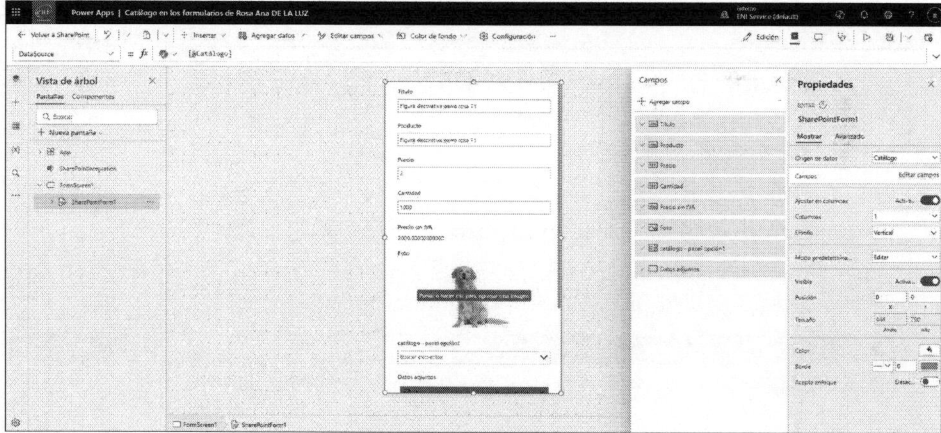

Como para las aplicaciones, la ventana de creación de Power Apps aparece en un formulario. Aquí, como antes, puede cambiar los campos que se deben mostrar. En la parte derecha, también puede modificar el número de columnas y la disposición del texto.

Si no está familiarizado/a con Power Apps, es mejor que no cambie una función que no conozca o comprenda.

- Para publicar su formulario personalizado, haga clic en **Guardar** y luego en **Publicar**.

En este caso, no necesita compartir el formulario; por defecto, cualquiera que tenga acceso a su lista podrá acceder a él.

G. Analizar

1. Excel: ¡el regreso!

Del mismo modo que Excel le puede servir como base para crear su lista, también puede exportarla a Excel para procesar y analizar los datos recopilados.

Hay dos opciones:

- Exportar sus datos en formato CSV, por ejemplo para integrarlos en otro programa.
- Exportar sus datos en formato Excel.

Esta segunda opción genera un archivo Power Query, una base de datos dinámica vinculada directamente a la lista, que podrá actualizar y con la que podrá seguir trabajando. Tenga en cuenta que este vínculo es unidireccional: los datos modificados en Lists volverán a Excel cuando los actualice, pero los datos que haya modificado en Excel se sobreescribirán con los datos de la lista, no irán en el otro sentido.

Le recomiendo que guarde esta base de datos en una hoja de cálculo concreta y que retrabaje los datos en una o varias pestañas separadas para no perder su trabajo cuando actualice los datos.

Como recordatorio, Excel es una herramienta perfectamente adaptada al análisis numérico, lo que sería el objetivo de exportar sus datos.

Para exportar sus datos a Excel:

- Vaya a su lista.
- En el menú superior, haga clic en **Exportar**.
- Seleccione el formato de exportación (Excel si desea utilizar los datos directamente, o CSV si necesita reinsertarlos en otro programa).

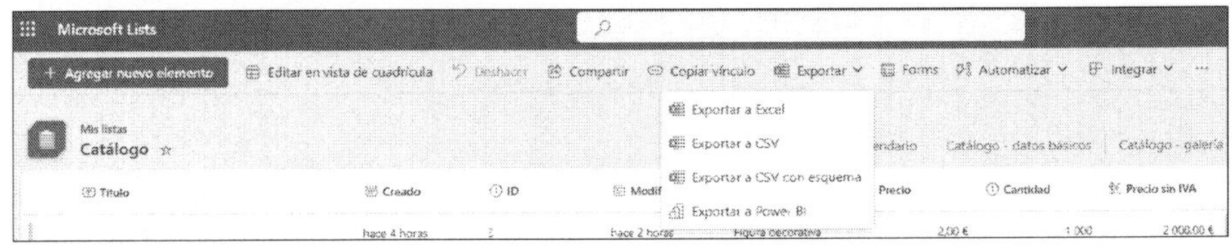

2. Generar un informe de Power BI en unos clics

Otra forma de analizar sus datos es utilizar Power BI. Esta herramienta le permite dar formato y analizar sus datos mediante informes que contienen gráficos, tablas y análisis que hacen que sus datos sean visuales, comprensibles y accesibles.

Sin una licencia especial, puede utilizar sus datos a través de Power BI de tres formas diferentes:

- para principiantes, integración de Power BI en Lists;
- para niveles intermedios, Power BI Desktop;
- para los más avanzados, la creación de un modelo semántico a partir de su lista.

Para los principiantes, existe una integración nativa entre Power BI y Lists, que permite visualizar los datos en gráficos predefinidos. Así de sencillo:

- En su lista, haga clic en **Integrar** en el menú superior.
- Seleccione la opción **Power BI**.

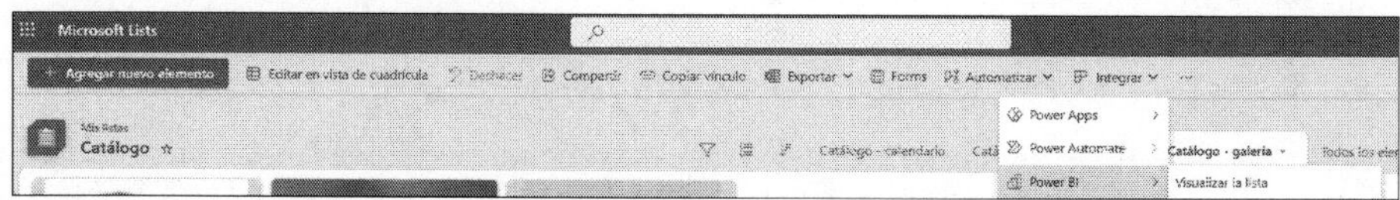

- Seleccione la opción **Visualizar la lista**.
- En la ventana que se abre, haga clic en **Crear un informe**.

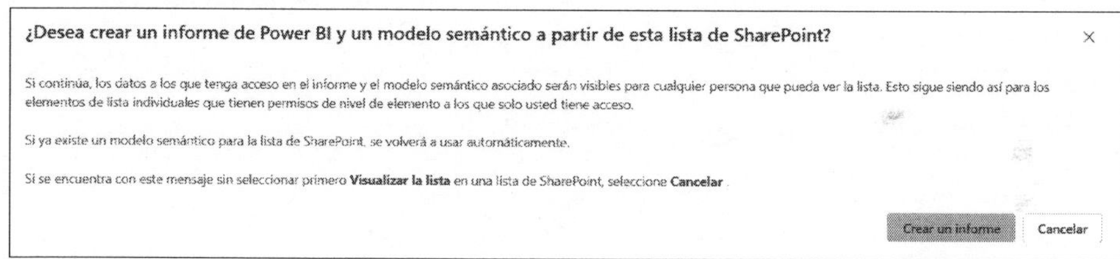

- A continuación, Power BI analizará los datos de su lista y le propondrá un informe. Si los datos seleccionados en el análisis no le interesan, puedes desmarcarlos y/o seleccionar otros en el panel derecho **Sus datos**.

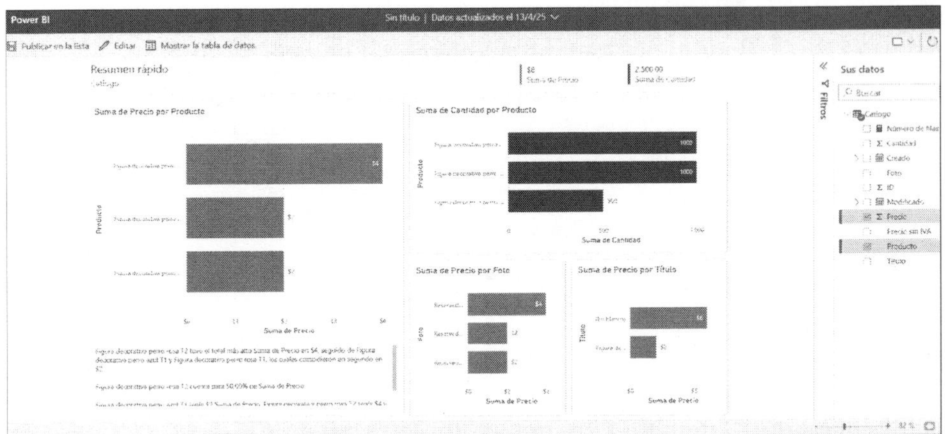

Si no tiene una licencia de pago de Power BI, no tendrá acceso a ninguna otra funcionalidad. La única moneda disponible en esta integración es el dólar. Esto significa que todos sus importes se mostrarán (sin convertir) en dólares.

- Cuando el análisis de datos propuesto le convenga, puede **publicar su informe en la lista** para un acceso posterior haciendo clic en el botón Publicar en la lista.

Para usuarios intermedios, la versión de escritorio de Power BI le permite conectar su informe de Power BI directamente a una o más listas de SharePoint. No entraremos aquí en cómo utilizar Power BI Desktop, ya que no es el tema, pero sí veremos cómo conectar su informe a sus listas de SharePoint. Para ello:

- Abra Power BI Desktop y cree un nuevo informe.

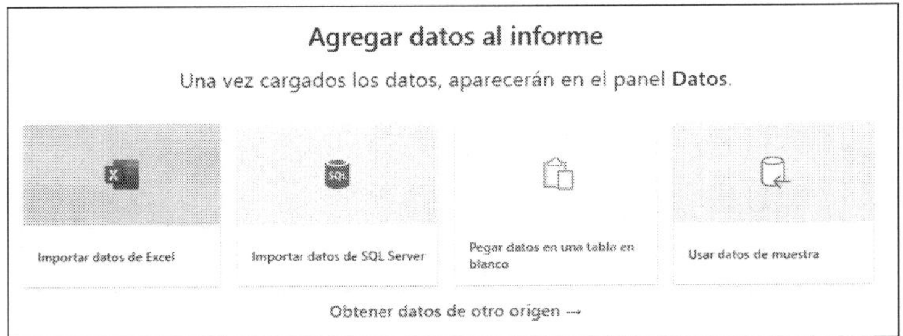

- Seleccione la opción **Obtener datos de otro origen**.
- Haga clic en **Servicios en línea** y, a continuación, seleccione **Lista de SharePoint Online**.
- Haga clic en **Conectar**.

- A continuación, introduzca la URL de su sitio SharePoint, por ejemplo: https://miejemplo.sharepoint.com/sitios/NombreDelSitio

- Haga clic en **Aceptar**.

A continuación, se le redirigirá a una página de inicio de sesión. Esto permite a Power BI conectarse a la base de datos desde su cuenta. La opción más sencilla es utilizar su cuenta Microsoft para conectarse. Una vez autentificado/a, tendrá acceso a todas las listas de su sitio, y podrá actualizar los datos, vincularlos a otros campos de otras bases de datos para crear correspondencias (mappings), analizarlos y darles formato.

Para los usuarios más avanzados de Power BI, puede transformar su lista en un conjunto de datos para su uso directo en Power BI. El conjunto de datos se comportará como cualquier otro. Por ejemplo, puede programar la actualización de los datos o utilizarlos para crear un informe paginado.

Para transformar su lista en un conjunto de datos:

- En el menú superior de su lista, haga clic en **Exportar**.
- Seleccione **Exportar a Power BI**.
- Siga los pasos clásicos para crear un conjunto de datos.

3. Modificar el informe de Power BI

Si necesita modificar la estructura de su informe de Power BI (tipo de gráfico, datos calculados), necesitará una licencia de Power BI Pro. Esta licencia es nominativa y se añade a su licencia existente de Microsoft 365.

Una vez activada la licencia, puede hacer clic en el botón **Modificar** de su informe. Accederá entonces al editor avanzado de informes, similar al de Power BI Desktop, que le permitirá elegir distintos elementos visuales (histograma, gráfico circular, etc.), añadir pestañas, elegir los datos utilizados no a nivel global sino para cada elemento visual, modificar la estética del informe añadiendo formas y colores, etc.

Esta versión integrada, incluso con la licencia pro, no le permite cambiar la divisa y está limitada en cuanto a volver a trabajar con los datos se refiere. Solo puede utilizar su lista como fuente de datos.

Por otra parte, una vez publicado, el informe será visible para los demás miembros de la lista, aunque no tengan una licencia pro.

H. Configuración avanzada de las listas

1. Definir el nivel de uso compartido

Existen varios niveles de uso compartido para las listas de SharePoint.

De forma nativa, una lista se comparte con los propietarios del sitio, los miembros y los visitantes según la configuración del sitio de SharePoint. Por defecto, los propietarios y miembros pueden modificar el contenido y la estructura de la lista, y los visitantes solo pueden ver los distintos elementos.

También puede compartir una lista con personas o grupos ajenos a su centro. Dependiendo de la configuración de su organización, puede incluso compartirla con personas ajenas a ella.

En el caso de uso compartido externo, los usuarios no solo tendrán que identificarse a través del enlace de uso compartido, sino también con la dirección de correo electrónico utilizada para el mismo y un código de un solo uso que recibirán en esa misma dirección de correo cuando abran el enlace.

Este uso compartido puede ser de solo lectura, lectura/escritura o lectura/escritura/modificación de la lista.

- Para compartir, pulse el botón **Administrar acceso** en la parte superior derecha de su lista.

Con esto, no solo podrá crear un nuevo uso compartido, sino también controlar la lista de personas y grupos que tienen acceso a su lista.

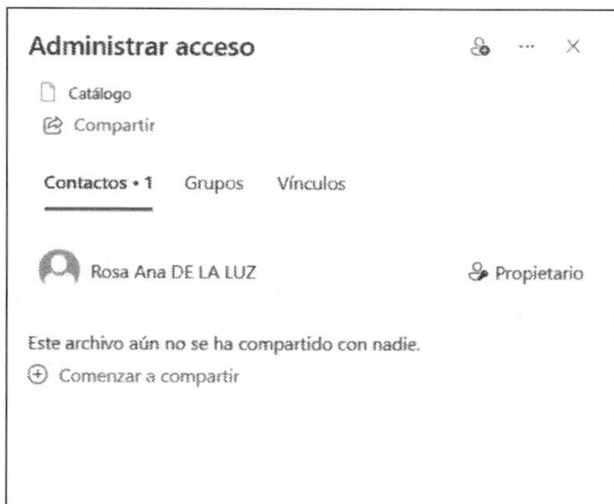

Por último, puede decidir compartir elementos de forma individual:

- Pase el ratón por encima del elemento elegido para que aparezca el botón ··· y, a continuación, haga clic en él.
- Haga clic en **Compartir**.

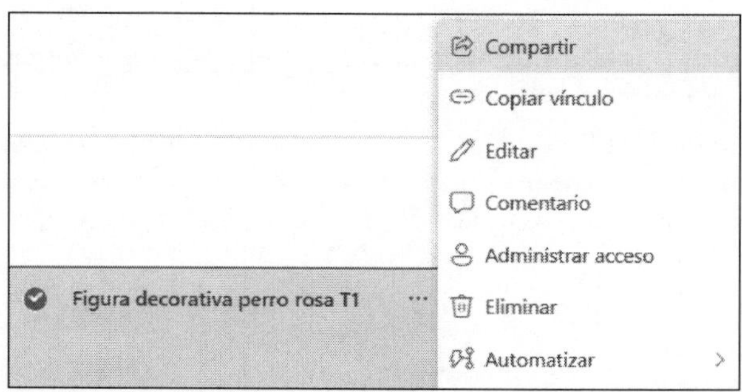

- El uso compartido se realiza entonces de la misma forma que para la lista global (persona o grupo, solo lectura o lectura/escritura).

Cualquier cambio realizado en la lista por personas externas (al sitio de SharePoint o a su empresa) será rastreada en el historial de versiones exactamente de la misma manera que lo serían los miembros.

2. Modificar los parámetros avanzados de las listas

Su lista le permite cambiar una serie de ajustes básicos que pueden ser útiles según el uso que necesite hacer.

- Para modificar los ajustes avanzados, haga clic en ⚙ en la parte superior derecha de la ventana y, a continuación, en **Configuración de la lista**: la sección **Configuración avanzada** le da acceso a una lista de ajustes muy útiles.

  Por ejemplo, puede autorizar el uso de contenidos concretos autorizando la gestión de tipos de contenidos (para los más avanzados en SharePoint, puede crear nuevos contenidos para cada uno de sus sitios).

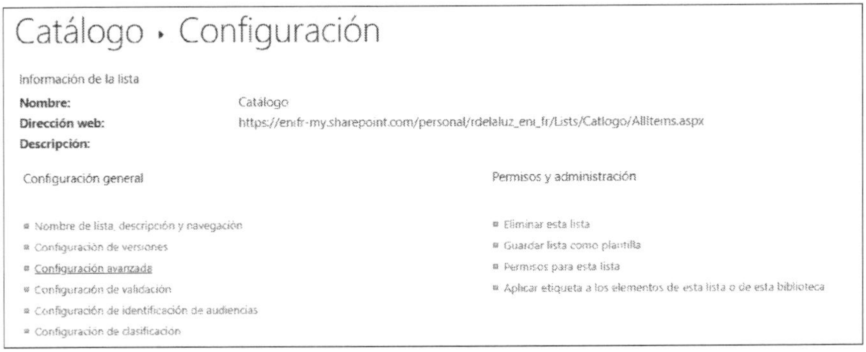

- También puede restringir la vista de los usuarios a solo los elementos que hayan creado ellos mismos. Para ello, en **Permisos a nivel de elemento**, seleccione **Leer los elementos creados por el usuario**. Se filtrarán en la lista los elementos que el usuario haya creado, y no verá ningún otro.
- Del mismo modo, puede autorizar a los usuarios a ver todos los elementos, pero solo permitirles modificar los que ellos mismos hayan creado. Para ello, en la sección **Crear y editar el acceso**, seleccione la opción **Crear elementos y editar los elementos creados por el usuario**.

Estos ajustes no se aplican a los administradores de listas.

Puede optar por desactivar la adición de archivos adjuntos para limitar el peso de su lista, prohibir a los usuarios el uso de comentarios en los elementos de la lista o prohibir la búsqueda de elementos en la barra de búsqueda.

Si vuelve a la pantalla anterior (**Configuración**), también podrá acceder al menú **Configuración de versiones**. Esto permitirá que todas las nuevas entradas se coloquen en modo borrador, a la espera de que uno de los propietarios del sitio valide el contenido publicado. En este menú, también puede decidir que, mientras un elemento no haya sido validado, solo sea visible para los administradores y el propio creador, lo que le permite estar seguro/a de que todos los elementos visibles en su lista han sido aprobados previamente.

Información de la lista

Nombre: Catálogo
Dirección web: https://enifr-my.sharepoint.com/personal/rdelaluz_eni_fr/Lists/Catlogo/AllItems.aspx
Descripción:

Configuración general

- Nombre de lista, descripción y navegación
- Configuración de versiones
- Configuración avanzada
- Configuración de validación
- Configuración de identificación de audiencias
- Configuración de clasificación

Permisos y administración

- Eliminar esta lista
- Guardar lista como plantilla
- Permisos para esta lista
- Aplicar etiqueta a los elementos de esta lista o de esta biblioteca

Esta opción genera automáticamente una columna adicional en la lista para los administradores y creadores de contenidos, mostrándoles el estado del elemento. También genera dos nuevas vistas: **Mis envíos** para las personas que han creado elementos de la lista para su aprobación, y **Aprobar o rechazar elementos para los administradores**, centralizando las solicitudes de aprobación de la lista para facilitar su seguimiento.

Nota: no se notificará a los validadores una solicitud de aprobación.

Por supuesto, hay muchos otros parámetros de listas que puede personalizar, pero los que se detallan aquí son los que probablemente más le interesen.

3. Definir funciones avanzadas de columna

Todas las columnas se encuentran en la **Configuración de la lista**. Si crea sus columnas desde esta pantalla, podrá acceder a funciones avanzadas.

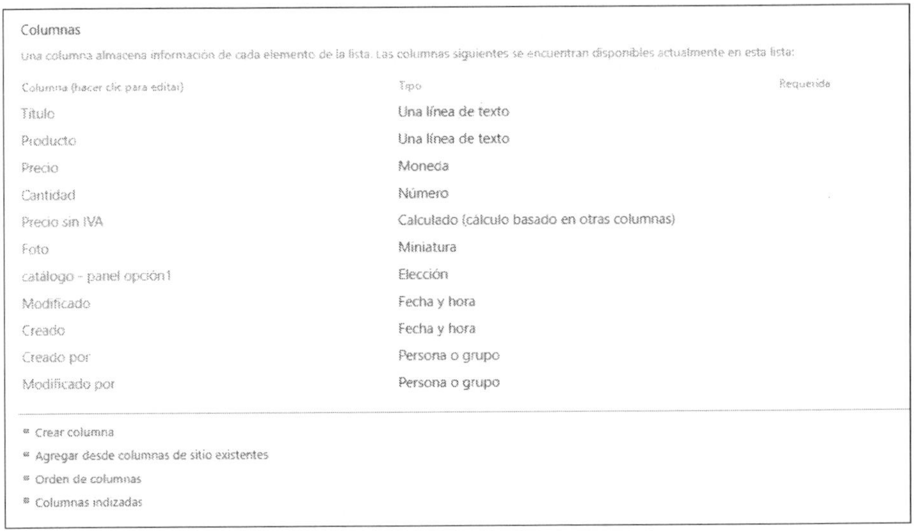

Columnas

Una columna almacena información de cada elemento de la lista. Las columnas siguientes se encuentran disponibles actualmente en esta lista:

Columna (hacer clic para editar)	Tipo	Requerida
Título	Una línea de texto	
Producto	Una línea de texto	
Precio	Moneda	
Cantidad	Número	
Precio sin IVA	Calculado (cálculo basado en otras columnas)	
Foto	Miniatura	
catálogo - panel opción1	Elección	
Modificado	Fecha y hora	
Creado	Fecha y hora	
Creado por	Persona o grupo	
Modificado por	Persona o grupo	

- Crear columna
- Agregar desde columnas de sitio existentes
- Orden de columnas
- Columnas indizadas

Por ejemplo, puede definir una fórmula para determinar el valor por defecto del campo. Puede ayudarse del glosario de fórmulas disponible en la base de conocimientos de Microsoft Learn.

Aunque la sintaxis de las fórmulas es similar a la de Excel, hay algunos matices. En primer lugar, las fórmulas solo están disponibles en su forma en inglés (y, por tanto, con el separador coma, no punto y coma). En segundo lugar, no todas las funciones disponibles en Excel lo están necesariamente en las listas de SharePoint.

Para quienes estén familiarizados con JSON, también se puede dar formato a las columnas utilizando líneas de código. Esto le permite, por ejemplo, añadir barras de progreso a las celdas en función del valor que contengan, o insertar un botón.

Por último, puede añadir una fórmula para validar el contenido de la columna. Esta función solo puede utilizar la propia columna. Por ejemplo, si su columna se llama Factura, su fórmula podría ser =[Factura]>0 para asegurarse de que el número introducido es obligatoriamente mayor que cero.

Este campo puede utilizarse para validar un formato de entrada, un número mínimo o máximo de caracteres o una fecha obligatoriamente posterior.

4. Definir funciones avanzadas de las vistas

Siguiendo con la Configuración de la lista, puede acceder a la configuración de las vistas que haya creado.

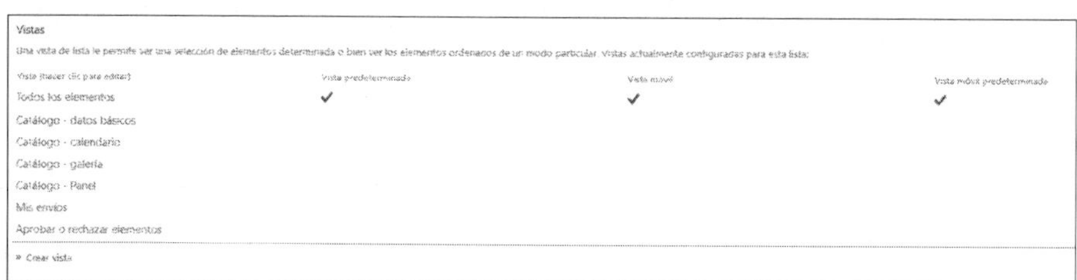

Desde este menú se pueden crear vistas. Sin embargo, algunas de las disponibles aquí se heredan de versiones anteriores de SharePoint. No todas son compatibles con la nueva experiencia de sitio y pueden desaparecer si las versiones anteriores de SharePoint (en particular 2013) son retiradas por Microsoft. Por lo tanto, le recomiendo que solo utilice esta pantalla para modificar vistas ya creadas a través de la interfaz de su sitio o de la aplicación Lists, y que no la utilice para crear nuevas vistas.

Aquí aparecerán todas las vistas existentes en su lista. Para modificar una vista, basta con hacer clic en su nombre (de ahí la importancia de utilizar etiquetas claras).

Ya hemos comentado brevemente la siguiente pantalla anteriormente en este capítulo. Se trata de la misma pantalla que le permite, por ejemplo, hacer que los campos inactivos estén disponibles para modificar las tarjetas en las tablas.

Hay otras funciones disponibles aquí. En primer lugar, puede cambiar la vista por defecto de su lista. La vista por defecto es obligatoriamente una vista pública, porque es a la que se dirigirán todas las personas que tengan acceso a la lista cuando la abran.

Esta pantalla también le permite añadir funciones de orden a su lista. Puede añadir hasta dos niveles de ordenación (por ejemplo, ordenación por fechas de inicio en orden ascendente y, a continuación, ordenación por estado en orden alfabético).

También puede condicionar los elementos mostrados añadiendo filtros.

Sus filtros pueden sumarse (y) o ser condicionales (o). SharePoint procesará los filtros en el orden en que usted los defina. Por lo tanto, es esencial pensar cuidadosamente en su estructura antes de empezar.

Haciendo clic en **Mostrar más columnas**, puede añadir un filtro adicional.

Por el momento, los conceptos de visualización móvil son puramente decorativos. Hasta la fecha, en los dispositivos móviles solo está disponible la visualización en vista de cuadrícula.

I. Conclusión

En conclusión, SharePoint Lists es una herramienta que permite crear y estructurar una base de datos destinada principalmente a:

- La colaboración: la introducción en modo formulario, el seguimiento del historial de modificaciones de cada línea y el bloqueo de los formatos de columna la convierten en la herramienta perfecta cuando hay muchas personas trabajando con datos. Los datos están homogeneizados y seguros.
- El seguimiento: puede crear fácilmente alertas vinculadas a fechas y campos de contacto, de manera que se informe a la persona adecuada en el momento oportuno.
- La elaboración de informes, mediante integraciones nativas con Power BI, tanto en su versión integrada como para las versiones de escritorio y espacio de trabajo.
- El desarrollo: SharePoint Lists es ideal para desarrollar aplicaciones y automatizaciones a través de la Power Platform (consulte el último capítulo).

Si utiliza Excel para supervisar un proyecto, si tiene archivos que contienen lenguaje VBA, si sus archivos son pesados o tienen muchos errores, si sus bases de datos no tienen armonía, ¡puede que haya llegado el momento de pasarse a Lists!

Capítulo 6

Para ir más lejos

A. Power Platform

En el último capítulo sobre las listas de SharePoint, hablamos varias veces de las herramientas de la Power Platform. Algunas aclaraciones al respecto:

Power Platform es un conjunto de herramientas de low-code/no-code de Microsoft incluidas en las licencias vistas en este libro en una versión limitada. Estas son las herramientas que tiene a su disposición:

Power Automate le permite automatizar sus tareas repetitivas mediante flujos de trabajo. Estos flujos son, de hecho, una secuencia definida de acciones que responde a un desencadenante predefinido (si ocurre esto, entonces...).

- **Power Apps** le permite crear rápidamente aplicaciones para móviles, tabletas y web. Esto simplifica la introducción de datos de forma más fácil e intuitiva, y le permite restringir el acceso de los usuarios a determinados datos (los directores pueden rellenar el campo 1, en RRHH pueden visualizarlo, pero los usuarios no pueden verlo).

- **Power BI** es una herramienta de visualización de datos diseñada para crear informes estéticos, interactivos y muy visuales. Puede crear sus propios informes, pero también compartirlos con miembros de su equipo y añadir alertas o informes periódicos.

- **Dataverse** es la base de datos relacional integrada en esta plataforma (pero muy limitada en la versión integrada en las licencias de Microsoft 365 presentadas al principio de este libro). Permite almacenar datos en diferentes bases de datos, de forma similar a las listas de SharePoint, e interactuar entre ellos, ya sea directamente o a través de formularios.

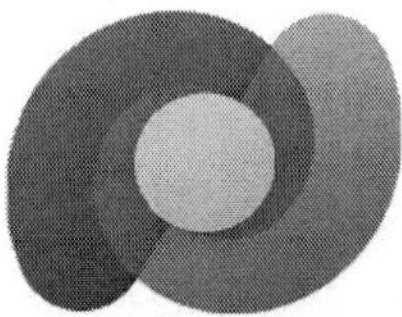

Estas distintas herramientas han sido diseñadas por Microsoft para que los *citizen developpers* (es decir, los usuarios avanzados) puedan desarrollar lo que necesitan de forma rápida y sencilla.

Power Apps y Power Automate tienen muchas plantillas predefinidas, lo que le permite crear aplicaciones y automatizaciones sin escribir una sola línea de código.

Este es especialmente el caso de las listas de SharePoint, donde las integraciones de Power Apps, Power Automate y Power BI están disponibles de forma nativa, y son capaces de abastecerse de los datos de las listas para generar automatizaciones, aplicaciones e informes relevantes utilizándolos.

Sin embargo, para desarrollar funciones más avanzadas o complejas, no basta con no-code. Será necesario utilizar lenguajes de programación sencillos, como **Power FX**.

Este lenguaje es específico de Microsoft y se basa en la lógica del lenguaje natural. Se comporta de forma muy similar a las fórmulas de Excel y está desarrollado exclusivamente en inglés, aunque utiliza separadores lógicos regionales (punto y coma para países de habla hispana, coma para los países anglófonos, etc.).

Además de este lenguaje en concreto, es posible que necesite conocer algo de DAX, HTML, CSS y JSON.

Las principales ventajas del desarrollo mediante la plataforma Power son las siguientes:

- Seguridad: los datos que utilice para crear sus automatizaciones o aplicaciones nunca saldrán de su entorno de trabajo. Por tanto, están protegidos según las normas establecidas por su empresa.
- Trazabilidad: todas las acciones, realizadas por un sistema automatizado o por usted, se rastrean y registran. También se aplica la reversibilidad, en función de la estrategia de conservación de su organización.
- Mantenibilidad: siempre que siga unas reglas básicas (utilizar los campos de descripción si los hay, añadir notas y comentarios a sus desarrollos, etc.), no cabe prever ningún mantenimiento de sus herramientas. De hecho, una vez desarrollada la aplicación, evolucionará a la par que el resto de productos de Microsoft 365. Esto le ahorra sudor y lágrimas, y un presupuesto de mantenimiento para sus flujos de trabajo y aplicaciones.

B. Microsoft Learn (documentación, cursos, certificaciones)

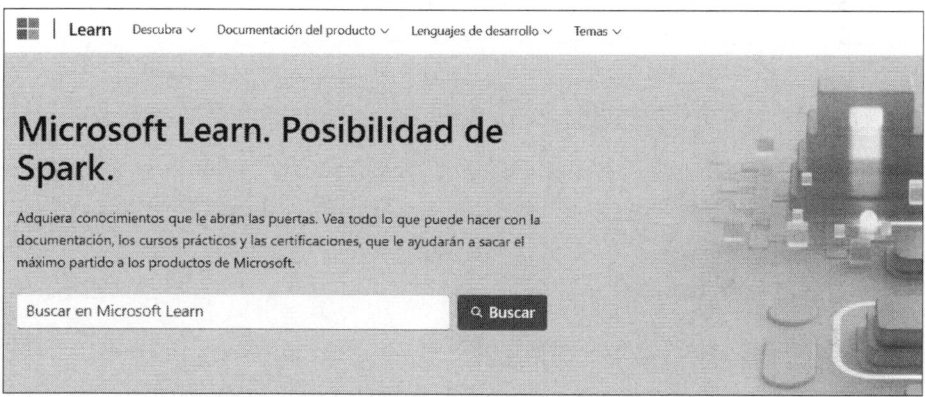

Para ayudarle a utilizar mejor las herramientas y comprender los posibles cuellos de botella y limitaciones, puede utilizar el sitio **Microsoft Learn**.

Este sitio, actualizado por Microsoft, contiene documentación técnica detallada para cada una de las herramientas de Microsoft (incluido Microsoft 365), así como itinerarios de aprendizaje temáticos completos que conducen a las certificaciones de Microsoft.

Estas certificaciones las expide Microsoft y son de pago. Pueden cursarse a distancia y le permiten demostrar sus conocimientos a sus responsables de selección actuales o futuros.

Se trata de cualificaciones seguras. Algunas certificaciones requieren una actualización anual, por lo que debe estar pendiente.

A lo largo de su aprendizaje de las herramientas de Microsoft (cursos de formación, ejercicios, retos, cualificaciones, etc.), necesitará registrarse. Esto le permitirá encontrar todas sus certificaciones de Microsoft en un solo lugar, así como acumular puntos de experiencia y ganar insignias y trofeos.

Esta gamificación puede parecer trivial, pero estos elementos se vinculan a su nombre y pueden compartirse con responsables de selección. Son la prueba de que ha participado en cursos de formación y le permiten demostrar sus conocimientos.

C. Clubs Microsoft

Microsoft ofrece la posibilidad de unirse a clubes temáticos de embajadores de Microsoft:

- Club Modern Work: dedicado a la transformación digital;
- Club Power Explorers: dedicado a Power Platform;
- Club Azure Insiders: dedicado a Azure y las soluciones en la nube;
- Club Microsoft Security: dedicado a la seguridad del entorno Microsoft.

Estos clubes le permiten unirse a una comunidad temática que reúne gran cantidad de recursos y artículos, le da acceso a un foro de debate, a eventos concretos como webinars y vídeos, y también a una newsletter para que no se pierda ninguna innovaciones que lleguen en el campo que le interese

D. Virtual Training Days

Microsoft ofrece una amplia gama de cursos de formación gratuitos: los Virtual Training Days.

El programa de estos cursos está disponible en el sitio web:
https://events.microsoft.com/es-es/mvtd

El catálogo de formación se actualiza periódicamente y ofrece cursos en español, tanto para familiarizarse con las herramientas como para usuarios más avanzados.

Algunos cursos concretos también permiten preparar certificaciones de Microsoft.

E. Conclusión

Si ha leído todo este libro, habrá comprendido que Microsoft 365 es una oficina digital. Para poner en práctica esta idea, me gustaría llevarle de visita por su nuevo espacio de trabajo.

En esta demostración, las funciones se subrayarán y las aplicaciones se mencionarán en **negrita entre paréntesis** para ayudarle a identificar todas las sutilezas de esta demostración.

Llega a la oficina. Para entrar en las instalaciones, se identifica con su tarjeta (**cuenta de Microsoft 365**).

Deambula por los pasillos, disponible para los/as compañeros/as que conoce y saluda (**Teams/Estado de disponibilidad**), hasta encontrar su despacho.

En él encuentra un post-it "Llámame cuando puedas, María". (**Planner de Teams**). También le esperan dos carpetas: el documento que imprimió anoche para trabajar en él, que pone en el cajón bajo su escritorio (**OneDrive**) y un contrato comercial firmado que debe archivar en el armario del equipo (**SharePoint**) utilizando la convención de archivo que aparece allí (**OneNote**).

Usted archiva estos asuntos cuando una compañera asoma la cabeza por la puerta para ofrecerle un café (**Teams/Chat**). Aprovecha para recoger el correo del sitio correspondiente (**Outlook**) y aprovecha para charlar con sus compañeros antes de la primera reunión (**Teams/Reuniones**).

Uno de los participantes llega a la máquina de café para recordarle su cita (**Outlook**). Va a la sala de reuniones (**Teams**) y participa activamente: reacciona, pide la palabra, toma parte de una lluvia de ideas (**Whiteboard**) y toma notas de la reunión (**Loop a través Teams**).

Una vez acabada la reunión, envía el acta a todos los participantes, detallando las decisiones que se han tomado y cuáles son los siguientes pasos para cada uno de ellos (**Loop**, directamente durante la reunión).

Luego echa un vistazo a su libreta para comprobar lo que le queda por hacer en el día (To Do), comprueba el horario del equipo colgado al fondo del despacho (**Planner**) y se pone manos a la obra con las tareas (ahí puede variar: **Outlook**, **Teams**, **Word**, **Excel**, **Lists**, **PowerPoint**...).

Recibe una llamada durante la mañana (**Teams**) de un cliente que quiere concertar una cita con Vd. (**Bookings**), y luego de otro que necesita una cita con varias personas de ambas empresas (**Programando sondeo**). Se toma su tiempo para organizar los distintos temas (sin ninguna herramienta, con Microsoft 365, se ahorra ese tiempo).

A continuación, termina su parte del trabajo en un documento en el que colabora con un compañero del edificio contiguo. Hace una copia y la pone en un sobre interno para que él pueda hacer su parte (SharePoint, en el que incluso pueden trabajar a la vez manteniendo un histórico de todos los cambios).

Al acabar el día, después de haber terminado sus reuniones (**Teams**), contestado sus correos electrónicos (**Outlook**), completado la lista de tareas previstas (To Do) y que le han encargado (**Planner**), resumido toda la información para las distintas personas implicadas (**Loop**) y archivado todas las carpetas (**SharePoint**), se va de la empresa (Cuenta Microsoft 365).

Este es solo un ejemplo de cómo aprovechar todo el potencial del paquete, pero también de cómo entrelazar las distintas aplicaciones para multiplicar por diez sus posibilidades.

A

B

C

E

F

I

L

S

T

V

Para poder acceder durante un año
a la versión online de este libro,
envíenos su justificante de compra a

librodigital@ediciones-eni.com

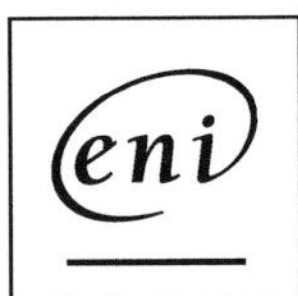